성경적용 훈련교재

청·장년을 위한 토론식 기독교 세계관 훈련 프로그램

성경적용 훈련교재

청 · 장년을 위한 토론식 기독교 세계관 훈련 프로그램

김신정 지음

도서출판 CLP
Christian Lifestyle Press

CLM 성경적용 훈련교재

청·장년을 위한 토론식 기독교 세계관 훈련 프로그램

서문/ 'CLM 성경적용 훈련교재'에 관하여

> 예수께서 나아와 일러 가라사대 하늘과 땅의 모든 권세를 내게 주셨으니 그러므로 너희는 가서 모든 족속으로 제자를 삼아 아버지와 아들과 성령의 이름으로 세례를 주고 내가 너희에게 분부한 모든 것을 가르쳐 지키게 하라 볼지어다 내가 세상 끝날까지 너희와 항상 함께 있으리라 하시니라 (마태복음18:18-20)

예수님께서는 땅 끝까지 복음을 전하라고 말씀하셨습니다. 우리는 이것을 가장 중요한 말씀으로 받고 지상명령이라고 칭합니다. 그런데 이 말씀에서 빠뜨리지 말아야 할 중요한 것은 복음을 전할 뿐만 아니라 그 예수님의 가르침을 '가르쳐 지키게 하라'는 부분입니다.

한국교회에서 복음을 전하는 것 또는 복음을 받아들이고 구원을 받는 것까지는 열심히 하고 많은 성과를 내었습니다. 그러나 그에 반해 예수님의 부분한 대로 살아가는 것에는 아직까지 부족한 부분이 많습니다.

이 시대의 한국교회와 기독교인들에게도 복음을 전하는 것이 여전히 중요한 문제이지만 그와 함께 중요하게 취급되어야 할 것은 그 복음의 말씀을 지키고 그 말씀대로 살아가는 것이라 할 수 있습니다.

예수님께서 분부한 모든 것을 지키는 것은 단순히 교회생활을 잘하고 개인적인 QT를 잘 하는 정도에 머물지 않습니다. 예수님께서 우리에게 요구하시는 것은 그것을 기반으로 삶의 모든 부분에서 그리스도인의 삶을 실현하는 것입니다.

예수님은 그리스도인들의 주님이십니다. 우리의 삶의 일부만이 아닌 모든 부분의 주인이시고 삶의 전 영역에서 우리의 복종을 요구하십니다. 그리고 더 나아가서 우리를 통해 세상 모든 영역이 하나님의 말씀에 복종케 되며 하나님의 뜻에 따라 변화되기를 바라고 계십니다. 그리고 이것이 우리의 중요한 사명입니다.

본 교재는 예수님께서 분부한 것을 지키며 사는 것이 무엇인지에 대해서 구체적으로 생각해 보고 그 부분의 실제적인 성장을 도모하고자 만들어졌습니다. 한국교회는 이미 많은 성경공부교재를 가지고 있고 성경공부도 많이 이루어지고 있습니다. 그러나 성경말씀이 우리의 삶에 구체적으로 적용되고 실제 삶에서 구체적인 말씀대로 살아지는 훈련은 부족했던 것 같습니다.

이제 한국교회도 성경을 공부만 할 것이 아니라 공부한 하나님 말씀을 구체적인 삶의 현장에서 실천하는 훈련이 필요하다 할 것입니다. 본 교재는 이러한 인식에 따라 성경공부보다는 성경 적용과 실천에 목표를 두고자 합니다.

이 교재를 통해서 성경이 구체적인 삶속에서, 또 삶의 전 영역에서 적용되고 실현되기를 바라며, 한국의 그리스도인들이 세상을 향한 소금과 빛의 역할을 할 수 있도록 도움으로 하나님 나라 발전에 기여할 수 있기를 빕니다.

* 본 교재는 그리스도인으로 살기운동의 (이원론을 극복하고 삶의 정황 속에서 온전한 그리스도인의 태도와 삶의 모습들을 고민하는) '상황화신학모임'의 나눔을 기초로 만들어졌습니다. 본 교재가 나올 수 있도록 상황화신학모임에 참여해주신 모든 CLM 동역자들과 농생모 공동체에 감사드립니다.

이 교재의 특징

- 이 교재는 초신자 보다는 성경지식이 있는 기존신자들을 대상으로 했습니다.
- 따라서 성경의 지식을 새롭게 배우는 것 보다는 성경을 적용하고 삶속에 실현하는 것을 목적으로 합니다.
- 이 교재는 서로 생각을 나누고 삶을 나누는 것을 통해서 성경적 지식이 생활이 되도록 돕습니다. 이런 이유로 성경구절에 대한 연구는 적습니다.
- 따라서 이 교재에는 적용을 위한 질문이 많이 나옵니다. 그리고 종합적인 적용과 실제상황을 설정해서 성경적 해석과 적용을 해보는 "더 나아기" 난을 두었습니다.

교재의 구성

- 각과는 '들어가기' / '성경 적용 훈련' / '더 나아가기'로 구성되어 있습니다.
- '성경적용훈련'은 3부분으로 나눠져 있고 각 과에서 다루고자 하는 주제를 3가지 소주제로 나누어 접근합니다. 그리고 각 소주제는 '돌아보기' / '성경적용' / '생활적용' 3가지 질문으로 구성되어 있습니다.
- 각 과의 마지막 '더 나이가기' 부분에는 주제와 관련된 다양한 질문과 토론꺼리들을 담은 '업그레이드를 위한 질문'과 실제 상황에서 답을 찾아보는 '상황화 신학작업'이 있습니다. (그러나 이 질문들을 그대로 하는 것보다는 구성원이 당면한 실제적인 상황을 가지고 토론하고 답을 같이 찾아볼 것을 권합니다. 이렇게 성경이 실제적인 삶에 적용되는 것이 이 교재가 목적하는 것입니다.)
- 홀수 쪽에는 문제, 뒷면 짝수 쪽에는 '가이드와 해설'을 두어서 토론에 도움이 되도록 했습니다.

교재 사용 가이드

- 각 질문들에 대해서 가능하면 모두가 자신의 생각과 의견을 말할 수 있도록 하는 것이 좋습니다. 시간이 부족할 경우에는 각 과를 두 번에 나누어서 하는 방법을 추천합니다.
- 정답을 찾기 보다는 같이 얘기를 나누데 중점을 두십시오. 각 주제에 대해서 각자 한번 생각해보고 생각을 나누는 중에 신앙의 도전과 태도의 변화를 기대할 수 있습니다.
- '업그레이드를 위한 질문'들은 필요에 따라 선택적으로 사용하시면 좋겠습니다.
- '상황화 신학작업'은 하나의 예에 불과 합니다. 참여하고 있는 사람들이 실제 삶속에서 겪고 있는 문제를 제기하고 같이 답을 찾아보는 것이 더 효과적인 적용훈련이 됩니다.
- 실천사항을 서로 나누고 위해서 기도하는 것을 결코 빠뜨리지 마십시오. 우리는 주님의 은혜와 성령의 도움이 있어야만 변화될 수 있는 자들임을 잊지 마십시오.
- 각 과를 통해서 실천사항을 다짐하고 결단하는 것이 새로운 율법주의나 행위주의가 되지 않도록 주의하십시오. 우리는 행위로 의로워 질 수 없습니다. 또 그리스도인은 우리의 힘과 능력으로 자신과 이웃과 사회를 변화시키는 자들이 아니라 주님의 힘과 능력을 의지해서 일 하는 자들임을 잊지 마십시오.

리더를 위한 가이드

· 뒷면 짝수 쪽에 첨부된'가이드와 해설'을 참고해서 대화를 이끌어 가면 도움이 될 것입니다. 그러나 이 가이드가 답을 찾는데 사용되지 않기를 바랍니다. 단지 토론을 이끌어가는 방향을 잡는데 사용될 수 있기를 바랍니다.

· 이곳에서 제시된 글들과 다른 의견이 있을 수 있습니다. 이 글들을 모범 답안으로 생각하기 보다는 참고글로 사용하십시오.

· 이 훈련교재에서 가장 중요하게 생각하는 것은 모든 문제와 상황들에서 가장 좋은 답을 찾아내는 것이 아닙니다.(본 교재로서는 그런 작업을 다 할 수 없습니다.) 서로 나누고 대화하는 중에 문제의식을 가지고, 많은 상황들 속에 그리스도인으로서 고민이 필요하다는 것을 깨닫는 것이 중요합니다. 그러나 이렇게 생각하고 나누고 토론하는 중에 우리가 좀 더 그리스도인다운 모습으로 훈련될 수 있을 것이라 확신합니다.

· 하나님께서는 훌륭한 현인을 원하시는 것이 아니라 고민하며 갈등하는 중에 하나님께 지혜를 구하는 자들을 원하시고, 그런 자들에게 은혜를 주셔서 의인으로 인치시고 성화케 하십니다. 따라서 답을 찾은 것은 찾은 대로, 혹은 모르면 모르는 대로 정리하고 기도하는 것으로 각과를 끝내시기 바랍니다.

· 꼭 실천사항들을 나누십시오. 생각하는 것만으로는 아무런 열매를 맺지 못합니다. 작은 것이라도 실천사항을 서로 나누고 그것을 잘 실천할 수 있도록 서로 기도하십시오. 이것이 아주 중요합니다.

CLM 토론식 성경 적용 훈련 교재

제 1 과

전인적인 신앙

1. 예수님을 따라 사는 그리스도인
2. 일상생활과 신앙
3. 세상을 향한 그리스도인의 사명

구체적인 영역에서의 하나님의 명령과 사명을 살펴보기 전에 하나님 나라에 대한 이해와 그리고 우리의 삶 전 영역에서 그리스도인의 소명이 있음을 알고, 우리 그리스도인에게 전도와 구제 외에도 다양한 부분에 소명이 있고 삶의 각 영역에서 그리스도인이 해야 할 일이 있음을 확인하려고 합니다.

제 1 과

전인적인 신앙

제 1 과 전인적인 신앙

I. 들어가기

기독교인이란 어떤 사람일까요? 믿지 않는 사람들은 기독교인은 교회에 다니는 사람이라고 생각할 것입니다. 이것이 바른 인식일까요? 하나님께서 그리스도인에게 요구하는 것이 교회에 출석하고 교회 생활하는 것밖에 없을까요?

기독교 신앙을 가졌다는 것은 그 신앙으로 삶의 모든 부분이 구성되는 것을 의미합니다. 아브라함 카이퍼라는 신학자는 "삶의 체계로서의 기독교"라는 말을 했습니다. 당신에게 기독교신앙이 삶의 체계가 되고 있습니까? 아니면 삶의 일부를 치장하는 장신구입니까?

한국교회는 이제까지 '어떻게 믿게 할 것인가?' 또는 '어떻게 하면 믿음이 생길 수 있는가'에만 관심이 많았고 상대적으로 '믿고 나서 이제 어떻게 세상 가운데 살아가야 하는지'에 관한 '믿는 자의 생활'에 대해서는 너무 무관심했던 것 같습니다. 우리에게 예수님을 따르고자하는 믿음이 있다면 이제 우리는 예수님을 따르는 그리스도인으로 어떻게 살아야 하는지를 고민해야 할 것입니다.

하나님의 말씀은 우리 삶의 체계입니다. 그래서 우리 삶의 모든 영역에 관해서 말씀하시고 있습니다. 따라서 그리스도인은 그 말씀에 따라 삶의 전 영역에서 그리스도인의 모습을 나타내어야 합니다.

Goal 이 과의 목표

구체적인 영역에서의 하나님의 명령과 사명을 살펴보기 전에 하나님 나라에 대한 이해와 그리고 우리의 삶 전 영역에서 그리스도인의 소명이 있음을 알고, 우리 그리스도인에게 전도와 구제 외에도 다양한 부분에 소명이 있고 삶의 각 영역에서 그리스도인이 해야 할 일이 있음을 확인하려고 합니다.

우리가 예수를 주로 받았다는 것은 우리의 일부가 아니라 전부를 드리는 것입니다. 그래서 그리스도인은 주일에만 할 일이 있거나 교회에서만 사명이 있는 것이 아니라 모든 시간과 삶의 전 영역에서 우리의 신앙이 고백되어야 하고 모든 영역에서 그리스도인의 삶을 살아야 합니다. 이 과에서는 우리 신앙의 폭과 범위가 더 넓어져야 하고 삶의 모든 영역에 하나님께로부터 받은 사명이 있으며 하나님 나라 확장을 위해서 우리가 세상 속에서 해야 할 사명이 있음을 분명히 하고 그런 삶의 실천을 촉구하고자 합니다.

II. 성경 적용 훈련

1. 예수님을 따라 사는 그리스도인

그러므로 너희가 그리스도 예수를 주로 받았으니 그 안에서 행하되 그 안에 뿌리를 박으며 세움을 입어 교훈을 받은 대로 믿음에 굳게 서서 감사함을 넘치게 하라(골 2:6-7)

그러므로 너희가 그리스도와 함께 다시 살리심을 받았으면 위엣 것을 찾으라 거기는 그리스도께서 하나님 우편에 앉아 계시느니라 위엣 것을 생각하고 땅엣 것을 생각지 말라(골 3:1-2)

돌아보기.... 당신이 예수를 믿고 달라진 것에는 어떤 것들이 있습니까? 당신의 인생에 신앙은 어떤 변화를 가져다주었습니까?

성경적용.... '예수님 안에 뿌리를 박고, 세움을 입고 굳게 서는 것' 또 '위에 것을 구하는 삶' 은 어떤 삶과 상태를 말하는 것일까요?

생활적용.... '기독교인', '신자', '제자' 를 구별한다면 어떻게 구별할 수 있겠습니까? 그리고 당신은 어디에 속한다고 할 수 있겠습니까?

가이드 Guide

예수님을 따라 사는 그리스도인

예수님을 믿는 것은 거듭나는 것과 같은 큰 변화입니다. 과연 우리의 삶에서 그런 거듭남과 같은 변화가 있었습니까? 또 그 변화가 한 순간의 회개로 그치지 않고 삶 전체를 변화 시키고 있습니까? 신앙은 자신을 규정하는 한 부분이 아닙니다. 예수님을 따르는 그리스도인이 된다는 것은 그분께 자신을 모두 드리는 것이고 자신은 없어지고 그리스도가 나타나는 삶을 사는 것입니다.

너희가 내 말에 거하면 참 내 제자가 되고 진리를 알지니 진리가 너희를 자유케 하리라(요 8:31-32)

하나님께 더 나아가기를 주저하지 마십시오. 하나님께 더 나아가는 것은 굴레가 아니라 자유입니다. 신앙의 더 깊은 자리에 나아가십시오. 더 깊은 자유와 평안과 기쁨을 누리게 될 것입니다.

* 리더는 각 단락에서 위의 내용이 드러나도록 대화를 이끌어 가십시오.
가능한 한 모두가 돌아가면서 충분히 말할 기회를 주십시오.

2. 일상생활과 신앙

그런즉 너희가 먹든지 마시든지 무엇을 하든지 다 하나님의 영광을 위하여 하라(고전 10:31)

하나님이 그들에게 복을 주시며 하나님이 그들에게 이르시되 생육하고 번성하여 땅에 충만 하라, 땅을 정복하라, 바다의 물고기와 하늘의 새와 땅에 움직이는 모든 생물을 다스리라 하시니라(창 1:28)

돌아보기.... 당신이 교회(선교회) 밖에서 생활 속에서 신앙적인 행위(활동)라 할 수 있는 것은 어떤 것들이 있습니까?

성경적용 .... 위의 하나님의 말씀에 근거해서 환경보호 운동을 하거나 개인적으로 사회정의를 위해서 교통법규를 잘 지키는 것도 신앙적인 행위라고 할 수 있을까요?

생활적용 .... 당신의 직장생활 혹은 학교생활 속에서 또 친구들과의 관계와 가족과의 관계 속에서 당신이 나타낼 수 있고 발휘되어야 할 신앙행위는 어떤 것이 있을까요?(예: 이웃사랑의 실천으로 친절하게 인사하기 등)

그리스도인이 된다는 것은 삶의 외적인 형식이 변화되는 것이 아니라 삶의 본질이 변하는 것이라 할 수 있습니다. 따라서 원칙적으로 그리스도인의 생활과 신앙은 분리될 수 없는 것입니다.

환경보호 자체가 무조건 신앙의 행위라 말할 수는 없을 것입니다. 그러나 그리스도인이 하나님의 창조하신 것을 보호하고 다스리고 회복시키려는 목적으로 한다면 그것은 분명 신앙적인 행위가 될 것입니다.

그리스도인이라는 말이 가장 먼저 사용된 것은 안디옥에서 입니다. 그전에는 특별히 이들을 칭하는 말이 없었습니다.
그런데 안디옥에서 비로소 다른 믿지 않는 사람들이 믿는 사람들을 향해서 그리스도인이라고 불렀던 것입니다.

예수님을 믿는 사람들이 "우리는 그리스도인이다"라고 스스로 간판을 걸거나 말하지 않았습니다. 그런데 다른 사람들이 이 사람들을 보면서 뭔가 다른 행동을 하는 사람인 것을 인식하고 그들에게 특별히 이름을 붙여야 할 필요가 있어서 그리스도인으로 불렀다는 것입니다.

우리의 삶은 세상 사람들 중에서 얼마나 다른 사람으로 인식됩니까? 얼마나 그리스도인다운 모습을 보이며 살고 있습니까? 교회에 다니는 겉모습뿐만 아니라 삶의 모든 부분에서 그리스도인다워야 할 것입니다.

3. 세상을 향한 그리스도인의 사명

그러므로 너희는 가서 모든 족속으로 제자를 삼아 아버지와 아들과 성령의 이름으로 세례를 주고 내가 너희에게 분부한 모든 것을 가르쳐 지키게 하라 볼지어다 내가 세상 끝날까지 너희와 항상 함께 있으리라 하시니라(마 28:19-20)

하늘에 있는 것이나 땅에 있는 것이 다 그리스도 안에서 통일되게 하려 하심이라 (엡 1:10)

돌아보기.... '세상적인 것' 은 당신에게 어떤 의미(뉘앙스)입니까? '세상' 이라는 것이 우리 그리스도인에게 어떤 의미입니까?

성경적용 .... 위 본문에 의하면 세상 사람들에게 전도해서 세례를 준 뒤에 예수님이 '분부한 모든 것을 가르치라' 고 명령하시는데 이것은 어떤 의미라고 할 수 있나요? (어떻게 하라는 명령인가요?)

생활적용 .... 타락한 세상 사람의 구속뿐만 아니라 타락한 자연과 문화의 회복이 하나님 나라의 확장이라고 할 수 있습니까? 주님께서 부분하신 말씀으로 세상을 회복하는 일을 우리는 실생활 중에서 어떻게 실천할 수 있을까요?

세상을 향한 그리스도인의 사명

하나님께서 우리에게 주신 사명은 세상을 다스리는 것입니다. 우리의 사명을 (전도가 가장 중요한 사명이라고 할지라도) 단지 영혼구원에만 국한시켜서는 안 됩니다. 우리는 세상의 자연과 환경 또는 직장과 학문 등 모든 영역에 사명이 있음을 알아야 합니다.

예수님께서는 '제자를 삼아 아버지와 아들과 성령의 이름으로 세례를 주고'라고만 말씀하신 것이 아니라 '내가 너희에게 분부한 모든 것을 가르쳐 지키게 하라'고도 말씀하셨습니다. 예수님께서 말씀하신 모든 것이 모든 사람들에게 지켜지게 하는 것은 바로 하나님의 말씀이 모든 영역에서 실현되게 하는 것을 의미합니다. 이것은 전도와 함께 아주 중요한 우리의 사명입니다.

따라서 아담의 타락 후 왜곡되고 타락한 자연과 세상의 법과 질서와 인간관계 등을 회복하는 것(예수님의 가르침대로 변화시키는 것)도 우리의 분명한 사명이라 할 수 있을 것입니다.

III. 더 나아가기

1. 업그레이드를 위한 질문

우리는 "하나님 나라이(가) 임하옵시며"라고 기도합니다. 이것은 무슨 뜻일까요? 우리가 기도한다는 것은 곧 그것을 위해서 일한다는 것을 뜻합니다. 하나님 나라가 이 땅에 임(실현)하기 위해 우리가 전도와 선교 외에 해야 할 일은 어떤 것일까요? 우리는 어떻게 하나님 나라를 확장할 수 있나요?

참고 '하나님의 나라' 는 하나님을 왕으로 모신 하나님의 백성들이 있고 하나님의 법이 시행되고 하나님의 말씀대로 통치되는 나라입니다. 그런 의미에서 우리는 전도해서 하나님 백성들을 만들뿐 아니라 이 땅의 모든 부분에서 하나님의 법이 시행되고 하나님의 말씀이 시행되는 나라를 만들어가는 노력을 해야 합니다.

2. 상황화 신학작업

얼마 전 선거에서 기독교 정당이 결성되어 선거에 참여하여 기독교 정당에 대한 관심을 새롭게 한 적이 있습니다. 한국에 기독교 정당이 필요할까요? 필요하다면 어떤 기독교 정당의 모습이어야 할까요?

① 신앙과 정치는 별개의 영역이다 기독교 정당은 필요 없다.
② 각 정당의 기독교인이 그 안에서 좋은 역할을 하면 된다.
③ 하나님의 뜻에 합한 정책을 추진하는 기독정당이 필요하다.
④ 기독교의 권익을 대변할 기독정당이 필요하다.

3. 개인 실천사항 점검

- 당신의 신앙은 삶의 일부가 아니라 삶의 체계로서 자리하고 있습니까?
- 당신은 교회 밖에서도 그리스도의 향기를 나타내고 있습니까?
- 당신의 신앙은 예수님이 분부하신 것이 세상에 지켜지도록 하는 부분에서도 온전히 발휘되고 있습니까?

- 부족한 부분이 있다면 그것을 위해 이번 주부터 구체적으로 실천할 수 있는 것은 무엇입니까?

* 오늘 공부로부터 적용한 것들을 구체적으로 어떻게 실천할지 정리해 보고
실천 항목들을 사람들과 함께 나누십시오.
그리고 서로를 위해 기도하십시오.

CLM 토론식 성경 적용 훈련 교재

제 2 과

가정

1. 하나님께서 만드신 가정

2. 부모

3. 결혼, 부부관계

하나님께서는 결혼과 가정이라는 제도를 통해서 그리고 자녀와 부모와의 관계 속에서 하나님의 신비한 관계들을 설명하시고 참된 하나님의 백성의 모습들을 보이시기를 원하십니다. 이과의 목적은 우리의 결혼과 가정생활도 중요한 사역의 일부임을 생각하게 하는 것입니다.

제 2 과

가정

제 2 과 : 가정

I. 들어가기

현대 사회는 물질만능주의가 팽배해져 결혼의 가장 중요한 조건이 경제적인 능력과 외모가 되고 있습니다. 그리고 이혼율이 날로 증가해서 수많은 가정들이 파괴되고 있고, 결혼생활을 하고 있으나 온전한 연합과 사랑이 깨어진 가정들이 많음을 볼 수 있습니다.

성경은 우리에게 결혼의 중요성을 말하고 있으며 가정을 통해서 이루어야 할 것들이 있음을 말씀하고 있습니다. 또한 결혼이 인생에 아주 중요한 위치를 차지하고 있는 만큼 우리가 온전한 그리스도인으로 살아가는 데에도 그리스도인으로서의 결혼, 그리고 그리스도인으로서의 가정생활은 아주 중요한 문제입니다.

결혼과 결혼을 통해 이루어진 가정은 운명이기도 하겠지만 우리의 선택과 노력이 필요한 것이라 생각합니다. 하나님께서 우리에게 요구하시는 결혼과 가정은 어떤 것이고 우리가 어떻게 그 요청에 응답할 수 있는지 같이 생각해 보고 지혜를 나누는 시간이 되길 바랍니다.

Goal 이 과의 목표

하나님께서는 결혼과 가정이라는 제도를 통해서 그리고 자녀와 부모와의 관계 속에서 하나님의 신비한 관계들을 설명하시고 참된 하나님의 백성의 모습들을 보이시기를 원하십니다. 이과의 목적은 우리의 결혼과 가정생활도 중요한 사역의 일부임을 생각하게 하는 것입니다.

우리에게 신앙생활과 가정생활이 나뉠 수 있는 것이 아니라 그것이 같은 것일 수 있고 긴밀히 연관되어 있으며, 결혼과 가정생활이 우리의 사명과 사역을 이루는데 기초가 되는 중요한 요소임을 본과를 통해서 강조하고자 합니다. 그리고 우리가 이렇게 중요한 가정 사역을 실제적으로 어떻게 잘 할 수 있는지 고민하고 그 방법들을 같이 찾아보는데 본과의 목적이 있습니다.

II. 성경 적용 훈련

1. 하나님께서 만드신 가정

이러므로 사람이 부모를 떠나 그 아내와 합하여 그 둘이 한 육체가 될지니 이 비밀이 크도다 내가 그리스도와 교회에 대하여 말하노라(엡 5:31-32)

누구든지 하나님을 사랑하노라 하고 그 형제를 미워하면 이는 거짓말 하는 자니 보는 바 그 형제를 사랑치 아니하는 자가 보지 못하는바 하나님을 사랑할 수가 없느니라(요일 4:20)

돌아보기 …. 당신의 가정은 화목합니까? 화목한 가정 또는 문제가 있는 가정이 신앙과 어떤 연관이 있다고 생각하십니까?

성경적용 …. 성경에는 부모공경과 가정의 소중함에 관한 말씀이 많습니다. 부모공경이 하나님 사랑, 아름다운 가정이 하나님 나라의 출발이라고 생각할 수 있을까요? 그 근거는 무엇일까요?

생활적용 …. 가정을 잘 가꾸고 부모님께 효도하기 위해서 돈을 쓰고 물질을 사용하는 것이 선교를 위해서 헌금하고 전도를 위해서 시간을 내는 것만큼 중요한 것일 수 있을까요?

가정을 돌보는 것이 전도하는 것보다 중요하다고 말하거나 전도를 대신하는 것이라고 말할 수는 없을 것입니다. 그러나 좋은 가정을 꾸리고 좋은 부부관계를 형성하는 것은 하나님의 분명한 명령이고 또 온전한 그리스도인의 삶에 아주 중요한 요소임에 틀림없습니다.

결혼제도는 하나님께서 우리에게 주신 가장 중요한 제도입니다. 또 성경은 그리스도와의 관계를 부부관계로 또 가정을 가장 기초적인 공동체로 설명합니다.(엡5:31-32) 그리고 부모공경은 하나님 공경과 연관되어 있습니다.

그리고 가정생활을 잘하는 자가 좋은 교회생활을 할 수 있고 하나님 나라 사역을 잘 할 수 있습니다. 왜냐하면 좋은 가정을 통해서 좋은 사역이 보장되고 좋은 하나님 나라의 일군이 자라나기 때문입니다. "사람이 자기 집을 다스릴 줄 알지 못하면 어찌 하나님의 교회를 돌아 보리요(딤전 3:5)"

2. 부모

> 네 부모를 공경하라 그리하면 너의 하나님 나 여호와가 네게 준 땅에서 네 생명이 길리라(출 20:12)
>
> 너희는 다시 무서워하는 종의 영을 받지 아니하였고 양자의 영을 받았으므로 아바 아버지라 부르짖느니라(롬 8:15)

돌아보기.... 어려서부터 부모의 사랑을 충분히 받지 못한 사람은 하나님의 사랑(부모와 같이 무조건적으로 주시는)에 대해서 이해하고 받아들이는데 보통사람의 경우보다 더 어렵다는 고백을 하는 경우가 있습니다. 과연 그럴 수 있을까요? 반대로 부모를 공경하고 효도하는 사람이 하나님께도 더 잘할 수 있을까요?

성경적용 .... 하나님께서 부모공경을 강조해서 명령하시는 이유는 무엇일까요? 부모를 공경할 때 받는 약속된 복은 어떤 것들 인가요?

생활적용 .... 당신은 하나님을 섬기는 마음으로 온전히 부모를 공경하고 있습니까? 당신이 알고 있는 좋은 효도의 방법에는 어떤 것들이 있겠습니까? 같이 나눠봅시다.

부모

부모공경은 성경에서 자주 반복되고 아주 특별히 강조되고 있는 하나님의 명령입니다. 그래서 부모 공경은 그 자체로 우리가 아주 중요하게 지켜야 할 계명입니다. 그리고 하나님께서 그렇게 부모 공경을 강조하는 것은 하나님 또한 우리의 부모이시기 때문입니다.

너희가 다 믿음으로 말미암아 그리스도 예수 안에서 하나님의 아들이 되었으니(갈 3:26)

이기는 자는 이것들을 유업으로 얻으리라 나는 저의 하나님이 되고 그는 내 아들이 되리라(계 21:7)

너는 너의 하나님 여호와의 명한 대로 네 부모를 공경하라 그리하면 너의 하나님 여호와가 네게 준 땅에서 네가 생명이 길고 복을 누리리라(신5:16)

3. 결혼, 부부관계

이러므로 남자가 부모를 떠나 그 아내와 연합하여 둘이 한 몸을 이룰지로다(창 2:24)

이와 같이 남편들도 자기 아내 사랑하기를 제 몸같이 할지니 자기 아내를 사랑하는 자는 자기를 사랑하는 것이라(엡 5:28)

돌아보기.... 부부는 하나님께서 하나님 나라 발전을 위해서 짝 지워준 전우(영적전쟁과 하나님의 군사로서)라고 생각할 수 있을까요? 당신이 생각하는 이상적인 부부의 모습은 어떤 것입니까?

성경적용.... 배우자와 깊은 연합을 이루는 노력과 경험이 예수님과의 연합, 그리고 좋은 공동체를 이루는 것과 어떤 연관이 있을까요? 그리고 부부간에 또는 가족 간에 사랑이 풍성한 사람일수록 외부로 더 많은 사랑을 실천하는 사람이 된다고 할 수 있을까요?

생활적용.... 신앙과 사역에 부부관계나 가정이 중요하다면 그것을 위해서 어떤 노력을 할 수 있을까요? (미혼일 경우 - 신앙생활과 사역에 도움을 줄 수 있는 결혼 상대는 어떤 사람일까요?)

이상적인 배우자에 관해서는 많이 생각하는 반면에 '어떤 부부가 이상적인지'에 대한 생각은 잘 안 해보는 것 같습니다. '온전히 하나가 되는 친밀한 부부', '서로의 독립적인 영역을 인정하는 부부', '서로를 세워주는 부부' 등을 말할 수 있을 것입니다. 그 중에 '그리스도의 전우로서 잘 맞는 부부'라는 부분도 깊이 고려해 볼 필요가 있을 것 같습니다.

아모스서에서는 하나님과 이스라엘백성과의 관계를 부부관계로 묘사하고 있습니다. 그리고 구약성경에 많은 부분에서 하나님께서는 이스라엘백성들이 우상을 섬기는 것을 간음이라고 표현합니다. 부부간에 연합하여 한 몸을 이룰 것과 함께 하나님과의 연합을 말씀하십니다.

또 나 여호와에게 연합하여 섬기며 나 여호와의 이름을 사랑하며 나의 종이 되며 안식일을 지켜 더럽히지 아니하며 나의 언약을 굳게 지키는 이방인마다(사 56:6)

배우자에게 순결하고 성실한 생활이 훈련된 사람에게서 하나님에 대한 순결과 충성된 신부의 모습을 기대할 수 있을 것입니다. 그리고 한 사람을 온전히 사랑할 수 있는 사람이 주변의 다른 사람도 사랑할 수 있습니다. 우리는 가장 가까운 이웃인 배우자를 사랑함으로 다른 이웃들도 사랑할 수 있습니다.

III. 더 나아가기

1. 업그레이드를 위한 질문

- 그리스도인에게 특별한 결혼의 의미는 무엇이라 생각합니까? (생육번성만?)
- 요즘 사람들은 "결혼은 선택"이라고 말한다고 합니다. 그리스도인에게도 그러할까요? (소명?)
- 그리스도인들이 결혼을 통해서 이루어야 하는 목적(사명)은 무엇입니까?
- 한 가족은 한 교회에 출석해야 한다는 것과 각자 신앙생활을 잘 할 수 있는 교회에 출석해야 한다는 것 중 어떤 것이 더 중요한 가치일까요?

2. 상황화 신학작업

다음 중 가장 나쁜 결혼상대는 어떤 경우라 생각하십니까? 그 이유는?

- 믿지 않는 사람과 사랑하게 된 경우
- 교회에 출석도 하고 조건은 마음에 드는데 신앙이 분명치 않은 사람일 경우
- 성격이나 취향, 실력 등은 원하던 것과는 많이 다르지만 신앙만은 마음에 드는 경우

3. 개인 실천사항 점검

- 당신은 부모님께 효도를 잘 하고 있습니까? 부족한 부분은 무엇입니까?
- 당신은 좋은 부부관계를 형성하고 있습니까? 더 좋은 부부관계를 위해서 해야 할 일은 무엇입니까?
- (미혼인 경우) 당신의 결혼관 또는 가족관 중에 보완해야 할 것에는 어떤 것이 있습니까?

그것을 위해 이번 주부터 구체적으로 실천할 수 있는 것은 무엇입니까?

* 오늘 공부로부터 적용한 것들을 구체적으로 어떻게 실천할지 정리해 보고
실천 항목들을 사람들과 함께 나누십시오.
그리고 서로를 위해 기도하십시오.

CLM 토론식 성경 적용 훈련 교재

제 3 과

이웃

1. 제 1의 계명 이웃사랑

2. 좋은 이웃 좋은 친구

3. 구제와 장애인

가정에 이어서 우리의 사랑을 이웃으로 좀 더 넓혀가고자 합니다. 성경에서 가장 중요하게 교훈하고 있는 것이 '하나님 사랑'과 '이웃사랑'입니다. 그리고 이 둘은 같은 것이라고 말씀합니다. 그런데 하나님을 섬기는 것에 비해서 이웃사랑은 우리의 신앙생활에서 너무 소홀히 취급되는 경향이 있는 것 같습니다.

제 3 과 이웃

제 3 과 : 이웃

I. 들어가기

우리는 성경을 읽을 때 이미 우리 안에 굳어져 있는 어떤 선입견을 가지고 읽는 경우가 많이 있습니다. 특히 성경을 자신의 위안이나 어떤 문제에 대한 필요에 의해서 읽는 경우나 어떤 주제를 가지고 성경공부를 할 때 자칫 성경이 말씀하시는 것보다는 자신에게 필요한 말씀만 읽게 되는 경우가 있습니다. 그래서 어떤 경우에는 성경에서 말씀하고 있는 것을 오해하거나, 중요한 부분을 빠뜨리기도 합니다.

이렇게 성경에서는 강조해서 말씀하고 있으나 우리가 잘 듣지 못하고 있었던 부분 중에 하나가 이웃과 장애인에 대한 문제가 아닐까 생각합니다.

성경은 이웃사랑이 하나님 사랑과 함께 가장 중요한 계명이라고 말씀합니다. 그리고 예수님께서 이 땅에 오셔서 중요하게 일하신 3대 사역은 복음을 전파하고 가르치고 병자들 또는 장애인들을 고치는 일을 하신 것입니다. 그 만큼 예수님께서는 병자와 장애인문제(또는 고통 받고 소외된 자들의 문제)를 아주 중요하게 생각하셨다고 할 수 있습니다.

과연 우리는 성경에서 강조하는 만큼 이웃과 도움이 필요한 자들에 대해서 관심을 가지고 중요한 사역으로 삼고 있는지 돌아보아야 할 것입니다.

이 과의 목표

가정에 이어서 우리의 사랑을 이웃으로 좀 더 넓혀가고자 합니다. 성경에서 가장 중요하게 교훈하고 있는 것이 '하나님 사랑'과 '이웃사랑'입니다. 그리고 이 둘은 같은 것이라고 말씀합니다. 그런데 하나님을 섬기는 것에 비해서 이웃사랑은 우리의 신앙생활에서 너무 소홀히 취급되는 경향이 있는 것 같습니다.

예배 등의 경건생활은 꼭 해야 하고 열심히 해야 하지만 이웃을 돌아보고 사랑하는 것은 꼭해야만 하는 것으로 생각하기 보다는, 여유가 있을 때 하면 되는 것쯤으로 생각하는 경향이 있습니다. 본과에서는 하나님 사랑이 우리 신앙에서 '선택사항'이 아니라 '필수'인 것처럼 이웃사랑도 우리 신앙에서 '필수요소'임을 상기하고 이웃사랑을 잘 실천하는 방법들을 찾아보고자 합니다.

II. 성경 적용 훈련

1. 제 1의 계명 이웃사랑

예수께서 가라사대 네 마음을 다하고 목숨을 다하고 뜻을 다하여 주 너의 하나님을 사랑하라 하셨으니 이것이 크고 첫째 되는 계명이요 둘째는 그와 같으니 네 이웃을 네 몸과 같이 사랑하라 하셨으니 이 두 계명이 온 율법과 선지자의 강령이니라(마22:37-40)

돌아보기 .... 성경은 이웃사랑에 대한 계명이 가장 중요한 율법이라고 말씀하고 있습니다. 당신은 얼마나 이웃을 사랑하고 있습니까? 당신이 사랑해야 할 이웃은 구체적으로 누구입니까?

성경적용 .... 구원의 확신과 예수님에 대한 사랑은 뜨겁다고 하는데, 가장 중요한 계명인 이웃사랑을 잘 실천하지 못하는 사람이 있다면, 그는 신앙적으로 미성숙하거나 문제가 있다고 볼 수 있을까요?

생활적용 .... 당신은 평소에 이웃사랑을 실천하기 위해서 하고 있는 일들이 있습니까? 이웃에게 복음을 전하는 것과 함께 우리가 이웃을 사랑하는 방법에는 어떤 것들이 있을까요?

가이드 Guide

제 1의 계명 이웃사랑

하나님은 이웃사랑에 대해서 너무나 많이 강조하시고 중요하다고 말씀하셨는데 우리는 여전히 별로 중요하지 않은 것처럼 생활할 때가 많습니다. 먼저 우리의 중요한 '이웃사랑' 사역에서 대상을 살펴보고 관심을 가지는 것이 중요합니다. '이웃사랑'은 우리가 사랑할 만한 사람보다는 우리의 사랑이 필요한 사람이 대상이 될 것입니다.

신앙생활은 성경을 읽고 배우고 하나님께 예배하는 것에서 머무는 것이 아니라 그 찬양받으실 분의 말씀대로 살아가는 것이라 할 수 있습니다. 이런 의미에서 '이웃사랑의 실천'은 우리 신앙의 아주 중요한 한 축이라 할 수 있을 것입니다. 그리고 그 사랑은 영혼의 구원뿐만 아니라 그의 고통과 슬픔을 돌아보는 것도 꼭 필요합니다.(약2:15-18)

2. 좋은 이웃, 좋은 친구

형제가 연합하여 동거함이 어찌 그리 선하고 아름다운고(시 133:1)

어느 때나 하나님을 본 사람이 없으되 만일 우리가 서로 사랑하면 하나님이 우리 안에 거하시고 그의 사랑이 우리 안에 온전히 이루느니라(요일 4:12)

그의 십자가의 피로 화평을 이루사 만물 곧 땅에 있는 것들이나 하늘에 있는 것들을 그로 말미암아 자기와 화목케 되기를 기뻐하심이라(골 1:20)

돌아보기.... 당신은 당신의 가장 가까운 이웃인 가족과 친구들에게 좋은 가족이고, 좋은 친구라고 생각하십니까? 그렇다면 왜 그런지, 아니라면 또 왜 아닌지 나눠봅시다.

성경적용 .... 예수님은 이웃사랑과 하나님 사랑이 같은 것이라 말씀하셨습니다.(마22:37-40) 왜 이웃을 사랑하는 것이 하나님을 사랑하는 것과 같은 의미가 될 수 있는 것일까요?

생활적용 .... 주변에(이웃, 친구, 친척) 사이가 깨어지고 서로 사랑하지 못하는 관계들이 있을 때, 당신이 그들의 관계를 회복시키고 서로 사랑하게 하는 것, 또 나아가서 좋은 친구관계나 이웃관계를 형성하는 것이 그리스도인의 중요한 사명이라고 생각하십니까? 그렇다면 그 일을 위해서 구체적으로 어떤 일들을 할 수 있을까요?(실제 그런 상황 있다면 그 문제를 두고 같이 답을 찾아보세요)

가이드 Guide 좋은 이웃, 좋은 친구

이웃은 가까이 있는 사람이라는 의미가 있습니다. 성경에서 인류를 사랑하라 하지 않고 이웃을 사랑하라고 말씀하신 것을 되새겨 볼 필요가 있습니다. 그래서 우리의 가족과 친구 그리고 실제 이웃이 먼저 우리의 중요한 이웃이 됩니다.

우리는 사랑하는 사람의 소원이라면 꽃을 꺾기 위해 위험한 절벽을 오를 것입니다. 하나님을 사랑하는 것은 하나님께서 원하시는 것을 행한다는 의미입니다. 그래서 하나님께서 가장 중요하게 말씀하신 이웃사랑을 실천하는 것은 곧 그분을 존중하는 것이고 그분에 대한 사랑을 보여드리는 것입니다.

하나님께서는 사람들(나의 이웃들)을 지극히 사랑하십니다. 그리고 사람들이 서로 사랑하기를 원하십니다. 우리가 예수님과 같이 화목제물(peacemaker)의 역할을 한다면 그것은 하나님께서 가장 기뻐하시는 일중에 하나가 될 것입니다.

3. 구제와 장애인

대답하여 가라사대 너희가 가서 보고 들은 것을 요한에게 고하되 소경이 보며 앉은뱅이가 걸으며 문둥이가 깨끗함을 받으며 귀머거리가 들으며 죽은 자가 살아나며 가난한 자에게 복음이 전파된다 하라(눅 7:22)

예수께서 온 갈릴리에 두루 다니사 저희 회당에서 가르치시며 천국 복음을 전파하시며 백성 중에 모든 병과 모든 약한 것을 고치시니(마 4:23)

돌아보기.... 당신은 평소에 구제를 얼마나 하고 있습니까? 또 장애인 문제에 동참하거나 장애인들을 잘 돕고 있습니까? 또 구제하는 것과 장애인을 돌보는 것이 그리스도인의 의무이고 필수적인 신앙행위라고 생각하십니까?

성경적용 .... 예수님의 3대 사역 중에 하나가 고치시는 사역이었습니다. 예수님을 따라가는 우리도 가르치며 전파하는 사역과 함께 고치는 사역을 할 의무가 있을까요? 우리에게도 고치는 사역 즉 병자들을 돕고 장애인 복지를 위해서 일하는 것이 복음을 전파하고 가르치는 것만큼 중요한 일이라 할 수 있을까요?

생활적용 .... 가난한 자를 돌아보고 장애인들을 돕는 일들 중에 특별히 당신에게 경험이 있거나 관심이 있는 부분들을 나누십시오. 그리고 이 일을 위해서 앞으로 구체적으로 실천할 수 있는 일들을 나누십시오.

가이드 Guide

구제와 장애인

네 의견에는 이 세 사람 중에 누가 강도 만난 자의 이웃이 되겠느냐 가로되 자비를 베푼 자니이다 예수께서 이르시되 가서 너도 이와 같이 하라 하시니라(눅 10:36-37)

예수님께서는 "내 이웃이 누구오니이까?"라는 질문에 대해서 우리의 도움이 필요한 자에게 이웃이 되어주어야 한다고 말씀하셨습니다.

'누가 나의 선한이웃인가?'가 아니라 '내가 누구의 선한이웃이 되어야 하는가?' 하는 것이 그리스도인의 질문입니다. 그리스도인은 누군가의 이웃이 되어주어야 할 의무가 있습니다. 그리고 우리를 필요로 하는 자들이 우리이웃의 대상에서 가장 우선순위를 차지하고 있습니다.

우리는 예수님과 같이 능력으로 장애인을 낫게 하거나 오병이어의 이적으로 굶주린 사람들을 먹일 수 없을지 모릅니다. 그러나 우리의 가진 것들을 통해서도 얼마든지 장애인들을 도울 수 있고 주린 자들을 먹일 수 있습니다. '고치는 사역'은 특별한 능력이 있는 사람들에게만 부여된 사명이 아니라 모든 사람들이 할 수 있고, 해야 하는 사역이라고 할 수 있을 것입니다.

III. 더 나아가기

1. 업그레이드를 위한 질문

• 예수님께서는 단지 복음을 전하기 위해서만 가난한 자들과 함께 하시고 장애인들을 고쳐주셨을까요?

• 복음과 관계없이 구제나 봉사활동을 하는 것에 대해서 어떻게 생각하십니까?

2. 상황화 신학작업

• "믿지 않는 친구와 사귀는 것은 아무 도움이 안 되고 오히려 죄를 짓게 할 뿐이야!"라고 말하는 사람이 있는가 하면 "믿는 사람들끼리만 어울리면 세상에 빛과 소금의 역할은 어떻게 할 수 있어?"라고 말하는 사람이 있습니다.

• 과연 우리 그리스도인들은 믿지 않는 친구관계를 더욱 적극적으로 만들어가야 할까요? 아니면 가능한 한 믿는 사람들과만 친구관계를 발전시켜 나가야 할까요?

3. 개인 실천사항 점검

- 당신이 잘 할 수 있는 이웃 사랑의 방법에는 어떤 것이 있습니까?
- 당신이 주변 사람에게 좋은 이웃이 되려면 어떻게 해야 할까요?
- 당신이 약하고 가난한 자들을 도울 수 있는 일에는 어떤 것들이 있습니까?

그것을 위해 이번 주부터 구체적으로 실천할 수 있는 것은 무엇입니까?

* 오늘 공부로부터 적용한 것들을 구체적으로 어떻게 실천할지 정리해 보고 실천 항목들을 사람들과 함께 나누십시오. 그리고 서로를 위해 기도하십시오.

CLM 토론식 성경 적용 훈련 교재

제 4 과

안식

1. 안식과 안식일

2. 쉼과 안식

3. 참된 안식

안식의 개념은 천국의 영원한 안식과도 연관되어있습니다. 하나님께서 안식을 강조하시는 것은 우리에게 영원한 안식을 기억하고 살 것을 말씀하시는 의미도 있을 것입니다.

제 4 과

안식

제 4과 : 안식

I. 들어가기

다음과 같은 전설이 있습니다. 어떤 날, 사도 요한이 웅크리고 앉아, 길들인 메추라기와 여가를 보내고 있는데, 한 사냥꾼이 왔습니다. 사냥꾼은 놀라면서 사도 요한에게 말했습니다. "아니, 선생님 같은 열심 있는 신앙인이 이런 쓸데없는 일로 시간을 보낸다는 것에 아주 놀랐습니다." 요한은 사냥꾼을 넌지시 쳐다보면서 물었습니다. "당신의 어깨에 메고 있는 활은, 왜 활줄이 풀려 있습니까?" "늘 줄을 팽팽하게 해 두면, 활의 힘이 없어져 버려 가끔 풀어두는 것이죠." 사도 요한은 미소를 지으면서 말했습니다. "그것과 같은 이유에서 나는 이 메추라기와 놀고 있는 것입니다." 우리들도 자기가 하고 있는 일에서 가끔 손을 떼는 일을 배우지 않으면 안 됩니다. 활동하고 있지 않는 묵상의 때에 심령의 주름살이 펴지는 것입니다.

- Mrs. Charles E. Cowman, Handful of purpose -

하나님께서는 안식을 아주 중요한 것을 말씀하셨고 우리에게 안식에 대한 명령도 주셨습니다. 현대의 바쁜 사회생활은 우리의 진정한 안식을 빼앗아 가기도하고 또 반대로 너무 많은 매력적인 여가활동의 기회들이 주어져서 신앙생활이 방해받기도 합니다. 그리고 때때로 쉼이나 여가활동이 신앙생활과 서로 충돌하기도 하고 또 때때로 신자들은 바쁜 사회생활과 교회생활의 이중고에서 안식을 잃어버리고 시달리는 경향도 있습니다.

이런 현실 속에서 그리스도인들은 어떻게 안식을 해야 하며, 진정한 안식의 의미는 무엇일까요?

이 과의 목표

안식의 개념은 천국의 영원한 안식과도 연관되어있습니다. 하나님께서 안식을 강조하시는 것은 우리에게 영원한 안식을 기억하고 살 것을 말씀하시는 의미도 있을 것입니다. 우리가 성경을 자세히 묵상한다면 하나님께서는 안식에 대해서 우리의 생각보다 훨씬 강조하고 더 중요하게 취급하고 있다는 것을 발견할 수 있을 것입니다.

본과에서는 안식과 안식일(주일)이 그리스도인에게 얼마나 중요한 것인지를 다시 한 번 생각해보고 또 그 안식을 어떻게 이루어가야 할 것인지? 그리고 바쁜 교회생활 속에서 우리의 안식을 어떻게 이루어 갈 수 있을지를 생각해보고 방법을 찾아보기를 원합니다.

II. 성경 적용 훈련

1. 안식과 안식일

제 칠 일은 너의 하나님 여호와의 안식일인즉 너나 네 아들이나 네 딸이나 네 남종이나 네 여종이나 네 육축이나 네 문안에 유하는 객이라도 아무 일도 하지 말라(출 20:10)

엿새 동안은 일할 것이나 제 칠 일은 큰 안식일이니 여호와께 거룩한 것이라 무릇 안식일에 일하는 자를 반드시 죽일지니라(출 31:15)

돌아보기 .... 당신은 안식의 명령을 잘 지키고 있습니까? 당신은 어떻게 안식의 명령을 수행하고 있습니까?

성경적용 .... 안식일과 안식에 관한 명령은 예배나 경건에 중점이 있다기보다는 일하지 않는 것에 중점이 있다고 볼 수 있을까요?

생활적용 .... 교회에서 맡은 일이 너무 많아서 쉼과 안식의 계명을 잘 지킬 수 없다면 어떻게 해야 할까요? 교회일과 안식의 계명 중 어떤 것이 더 중요할까요? 해결책은?

가이드 Guide 안식과 안식일

우리가 지키는 주일은 구약의 안식일의 원리를 계승하고 주님을 예배하는 날이라 할 수 있습니다. 즉 우리는 주일에 예배와 안식을 모두 소홀히 할 수 없습니다. 그리고 진정한 예배를 드릴 때 우리에게 참된 안식이 있다고 할 수 있습니다. 그러나 실생활에서 우리의 주일이 과연 참된 안식이 되고 있는지 돌아볼 필요가 있습니다. 많은 사람들의 경우에는 주일에 예배는 꼭 드려야 하는 것으로 생각하지만 '참으로 안식하는 날'을 지키고 있는지에 대해서는 관심이 없고 또 실제 안식이 없는 주일을 보내는 경우가 많습니다.

안식에 관한 성경말씀들을 살펴보면 안식은 '일을 그침' 즉 쉼에 초점이 맞춰있음을 발견할 수 있습니다. 그래서 예배를 드렸다고 안식의 명령을 면제받는 것은 아닙니다. 그리고 원론적으로는 안식해야 할 주일에 너무 바쁜 교회일로 인해서 쉼을 잃어버리는 것은 결코 바람직하지 않을 것 같습니다. 교회의 각종 회의나 다른 활동은 가능하다면 평일에 하는 것이 좋을 것입니다.

주일은 하나님의 일을 하는 날이고 평일은 나의 일을 하는 날이라는 생각은 잘못된 것입니다. 평일은 (나에게 주신 소명을 따라) 하나님의 일을 하는 날이고 주일은 안식하는 날입니다.

2. 쉼과 안식

> 또 가라사대 안식일은 사람을 위하여 있는 것이요 사람이 안식일을 위하여 있는 것이 아니니 이러므로 인자는 안식일에도 주인이니라(막 2:27-28)

돌아보기.... 하나님께서는 안식일의 제도를 통해서 우리가 일을 멈추고 안식하기를 명령하고 있습니다. 당신은 생활 속에 참된 쉼과 안식의 시간들을 누리고 있습니까? 아니라면 당신의 쉼과 안식은 무엇 때문에 방해를 받습니까?

성경적용.... 경건생활과 주님과 만나는 것 외에 육체적 쉼과 전환을 위한 여가가 필요합니까?

생활적용.... 안식일은 하나님을 믿고 하나님께 모든 것을 맡길 수 있는, 신자들만이 편히 누릴 수 있는 특권입니다. 또 안식일의 제도를 만드신 놀라운 하나님의 지혜가 그 안에 있다는 것을 생각할 수 있습니다. 주일 하루 온전히 안식하며 쉼을 누리는 것이 우리생활에 어떤 좋은 점이 있을까요?

가이드 Guide 쉼과 안식

하나님께서 주신 안식에 대한 명령은 다른 하나님의 계명들과 같이 결국은 우리 인간들에게 좋은 것임이 분명합니다. 사람들은 돈에 대한 욕심이나 잘못된 욕망 때문에 하나님의 축복인 안식을 거부하고 진정한 쉼과 안식이 없는 생활을 선택하며 살아가는 경우가 많습니다.

우리가 좋은 안식의 삶, 참된 안식의 생활양식을 실천한다면 그것으로 하나님의 계명을 잘 지키는 사람이 될 뿐만 아니라 참으로 좋은 삶, 만족하는 삶을 누리게 될 것입니다. 하나님께서는 우리에게 언제나 가장 좋은 것을 주시기를 원하십니다. 잘 안식하는 사람이 더 잘 일할 수 있습니다. 하나님께서 그렇게 사람을 창조하셨고, 안식의 명령을 잘 따르는 사람에게 하나님께서 복을 주실 것임을 우리는 생각할 수 있습니다.

우리에게 예배와 별개로 쉼이 필요합니다. 마가복음 2장의 말씀은 안식일에 예배와 경건생활 없이 쉬기만 해도 좋다는 의미는 분명 아닐 것입니다. 마찬가지로 예배와 경건이 사람의 쉼과 안식을 억제하는 것도 좋지 않을 것입니다. 사람은 예배해야 하는 존재인과 동시에 안식해야 할 존재가 아닐까요?

3. 참된 안식

> 수고하고 무거운 짐 진 자들아 다 내게로 오라 내가 너희를 쉬게 하리라. 나는 마음이 온유하고 겸손하니 나의 멍에를 메고 내게 배우라 그러면 너희 마음이 쉼을 얻으리니 이는 내 멍에는 쉽고 내 짐은 가벼움이라 하시니라(마 11: 28-30)

돌아보기 .... 당신의 쉴 때 주로 무엇을 합니까? 그것을 하면 얼마나 좋은 쉼을 얻게 됩니까?

성경적용 .... 예수님께 나오면 왜 참된 쉼을 얻게 되는 것일까요? 주님께 나아가며 안식하는 방법은 어떤 것이 있나요?

생활적용 .... 주일에 교회에 갔다 와서 주로 어떻게 시간을 보냅니까? 주일에 참된 안식과 쉼을 얻을 수 있는 방법은 어떤 것이 있을까요? 지혜를 나눠봅시다.

가이드 Guide

참된 안식

이제 우리는 실제적으로 어떻게 안식할 것인지를 고민해 볼 필요가 있습니다. 성경에는 안식일뿐만 아니라 안식년도 있습니다. 우리의 삶에 주일성수의 안식일 개념을 넘어서 적절한 안식이 필요하다는 것입니다. 과연 우리가 어떻게 하는 것이 좋은 안식이 있는 삶을 살아갈 수 있을까요? 우리는 어떤 방법으로 진정한 쉼과 안식을 얻을 수 있을까요?

우리가 전도를 하기 위해서 여러 가지 방법들을 고민하고 연구하듯이 안식의 명령을 따르기 위해서도 많은 연구와 고민 나아가서 많은 노력이 필요합니다. 나에게 가장 좋은 안식의 방법이 무엇인지 안식일을 어떻게 지키는 것이 가장 좋은 것인지 고민할 필요가 있습니다. 그리고 특히 예배와 경건생활 속에서 더 좋은 쉼과 안식의 비법들을 찾고 체득해 나갈 수 있어야 할 것입니다.

주일은 온전히 안식하는 날이 될 수 있도록 교회일 등은 토요일이나 평일에 미리하고, 평일의 삶도 너무 피곤하지 않도록 조절하고 휴가계획 등도 잘 계획해서 우리의 삶속에 언제나 안식이 함께 할 수 있으면 좋겠습니다. 과도한 욕심이 안식을 방해하는 요소이기도 합니다.

III. 더 나아가기

1. 업그레이드를 위한 질문

- 일을 멈추는 것, 쉬는 것, 그리고 좋은 안식의 시간을 가지는 것이 우리가 꼭 지켜야 할 계율이라고 말할 수 있을까요?

- 우리 그리스도인에게 안식의 의미는 무엇이고 쉼과 안식이 왜 필요한 것입니까? (쉼과 안식이 없는 그리스도인에게 어떤 문제가 발생할 수 있습니까?)

- 안식과 죽음은 연관이 있습니까? 있다면 어떤 연관이 있습니까?

- 신자에게 죽음은 나쁜 것입니까? 아니면 좋은 것입니까? 영원한 안식을 사모해야 할까요? 죽음을 앞둔 신자에게 기도가 필요합니까? 필요하다면 어떻게 기도해야 할까요?

2. 상황화 신학작업

그리스도인들도 스트레스를 풀기위해서 노래방 같은 곳에 갈 필요가 있다고 생각하십니까?

- 스트레스는 기도 등 신앙으로 풀어야 한다. 다른 방법은 필요 없다.
- 기도와 Q.T와 별개로 스트레스를 풀기위한 세상적인 방법이 필요하다.

· 스트레스 푸는 것과 별개로 세상적인 즐거움도 누릴 필요가 있다

그리스도인은 기도와 Q.T 등을 통해서 특별한 스트레스를 극복하고 쉼과 안식을 얻을 수 있습니다. 그렇다면 그리스도인들은 세상 사람들과 같이 스트레스를 풀기위해서 하는 세상적인 일들(예: 게임, 노래방, 놀이공원, 등)은 필요 없다고 말할 수 있을까요?("세상적"이라는 표현은 적절하지 않지만 이해를 돕기 위해 사용했습니다.)

3. 개인 실천사항 점검

· 당신의 평소 생활에서 일과 안식이 조화를 이루고 있습니까?
· 당신의 주일에는 만족할 만한 안식이 있습니까?
· 당신에게 더 좋은 안식과 더 좋은 주일 생활을 위해서 필요한 것은 무엇입니까?

그것을 위해 이번 주부터 구체적으로 실천할 수 있는 것은 무엇입니까?

* 오늘 공부로부터 적용한 것들을 구체적으로 어떻게 실천할지 정리해 보고 실천 항목들을 사람들과 함께 나누십시오. 그리고 서로를 위해 기도하십시오.

CLM 토론식 성경 적용 훈련 교재

제 5 과

돈

1. 돈을 섬기는가? 하나님을 섬기는가?

2. 하나님의 소명과 직업

3. 경제적 직업, 사역적 직업

현재 세상을 지배하고 있는 가장 큰 힘은 돈이라고 할 수 있습니다. 모든 사람들이 돈을 따라 움직이고 돈의 힘에 의해서 세상이 움직여지는 것 같습니다. 세상 모든 사람들이 돈을 따라서, 돈을 중심으로 살아가는 이때 하나님께서는 우리에게 돈이 아니라 하나님을 따라서 살 것을 말씀하십니다.

제 5 과 돈

제 5과 : 돈

I. 들어가기

현대사회에서 돈은 성령이 교회에서 차지해야 할 역할을 악마적으로 찬탈해 버렸다. (토마스 머튼) 신약성경에서 예수님께서는 우리의 삶에서 돈을 다루는 방식과 영적인 것들을 다루는 방식이 동일함을 말씀하고 계신다. 우리가 돈을 어떻게 다루느냐 하는 것은 우리의 진정한 내적 가치를 가장 잘 나타내 준다. 즉 돈을 다루는 방식은 우리가 지니고 있는 내적인 가치가 밖으로 드러난 지표이다. 부부의 영적인 삶을 파악하기 위해서는 무엇보다도 그들의 가계부를 보는 것이 가장 좋은 방법이다. 우리는 남들이 듣기 좋은 감언이설을 말할 수도 있고, 가식으로 훌륭한 태도를 가장할 수도 있다. 그러나 우리가 돈을 사용하는 방식은 무엇이 진심인지를 분명하게 드러내 준다.(돈 걱정 없는 가정, 래리버켓, CUP, p27)

현재의 삶을 돌아보면 정말 돈이 모든 사람들에게 신의 위치를 차지하고 나아가 교회에서도 하나님의 자리를 찬탈한 듯한 느낌을 받습니다. 과연 우리가 가지고 있는 돈에 대한 생각은 그리스도인다운지? 돈에 대해 보여주는 우리의 모습들이 온전한 그리스도인다운지? 꼭 점검해 보아야할 문제입니다.

이 과의 목표

현재 세상을 지배하고 있는 가장 큰 힘은 돈이라고 할 수 있습니다. 모든 사람들이 돈을 따라 움직이고 돈의 힘에 의해서 세상이 움직여지는 것 같습니다. 세상 모든 사람들이 돈을 따라서, 돈을 중심으로 살아가는 이때 하나님께서는 우리에게 돈이 아니라 하나님을 따라서 살 것을 말씀하십니다.

가끔 돈을 많이 벌어서 헌금만 많이 잘하면 된다고 단순하게 생각하면서 별문제의식 없이 세상 사람들과 같이 돈의 원리를 따라서, 돈을 중심으로 생활하는 사람들이 있습니다. 하나님께서 우리에게 원하시는 것은 많은 헌금이 아니라 돈을 섬기는 세상 사람들과 달리 하나님을 섬기는 삶입니다. 본과에서는 우리가 돈이 아니라 하나님을 섬기는 것이 무엇인지 생각해 보고자 합니다.

II. 성경 적용 훈련

1. 돈을 섬기는가? 하나님을 섬기는가?

한 사람이 두 주인을 섬기지 못할 것이니 혹 이를 미워하며 저를 사랑하거나 혹 이를 중히 여기며 저를 경히 여김이라 너희가 하나님과 재물을 겸하여 섬기지 못하느니라.(마 6:24)

돌아보기 .... 현대 사회에서 돈이 얼마나 중요한 위치에 있다고 생각하십니까? 당신에게 돈은 얼마나 중요한 위치를 차지하고 있습니까? 하나님께서 당신에게 다른 복들은 많이 주시지만 물질적 복은 주시지 않는다면 그래도 만족할 수 있겠습니까?

성경적용 .... "하나님과 재물을 겸하여 섬기지 못한다." 는 말씀을 어떻게 해석해야 할까요? 하나님을 섬기는 자는 돈을 멀리해야 한다는 것인가요?

생활적용 .... 돈은 현대 사회에서 아주 중요하고 꼭 필요한 것이기도 합니다. 과연 돈을 우상처럼 섬기는 것과 돈을 추구하되 섬기지 않는 것과 어떤 차이가 있습니까? 당신은 어느 쪽에 속합니까?

가이드 Guide 돈을 섬기는가? 하나님을 섬기는가?

돈이 하나님의 위치에 있다는 것을 느낄 때가 있습니다. 말은 그렇게 하지 않지만 실제의 삶은 '돈을 섬기고 숭배하는 모습'을 보이는 사람들이 많습니다. 그것은 믿는 사람들 속에서도 나타납니다. 마치 하나님께서 사람에게 돈을 통해서만 복을 주시고 돈을 통해서 구원하시는 것처럼 돈이 구세주의 자리를 대신하고 있을 정도로 돈에 얽매여 살아가는 사람들이 있습니다.

하나님과 돈을 겸하여 섬기지 못한다는 것은 돈의 위치를 하나님의 자리 또는 구원자의 자리에 두지 말라는 말씀입니다. 돈을 정도 이상 의지하고 돈이 수단이 아니라 목적이 되고 돈의 노예가 되는 것은 '돈 사용자'가 아니라 '돈 숭배자'의 모습입니다. 때때로 돈을 숭배하는 자의 자리에 있을 때가 많지 않습니까? 그것은 바로 우상숭배의 죄를 짓는 것입니다.

2. 하나님의 소명과 직업

그러므로 염려하여 이르기를 무엇을 먹을까 무엇을 마실까 무엇을 입을까 하지 말라 이는 다 이방인들이 구하는 것이라 너희 천부께서 이 모든 것이 너희에게 있어야 할 줄을 아시느니라 너희는 먼저 그의 나라와 그의 의를 구하라 그리하면 이 모든 것을 너희에게 더하시리라(마 6:31-33)

돌아보기.... 당신의 현재의(또는 지망하는) 직업을 통해서 하나님의 의를 구하고 '하나님의 나라를 확장' (하나님의 일을)하고 있습니까?

성경적용 .... "먼저 그의 나라와 그의 의를 구하라" 는 말씀을 어떻게 적용해야 할까요? 직장일 보다 교회 일을 먼저 하라는 뜻일까요? 그의 나라와 그의 의를 구하려고 직장 일을 소홀이 하는 것이 정당하다는 말씀인가요?

생활적용 .... 당신은 먹을 것을 포기하거나 희생하면서 먼저 그의 나라와 그의 의를 구한 경험이 있습니까? 그랬을 때 어떤 결과가 있었는지 나눠봅시다.

가끔 직장과 교회를 분리하고 서로 연관 짓지 않으려는 사람이 있습니다. 그러나 그것은 옳지 않습니다. 하나님께서는 우리의 전 삶속에 하나님이시기를 원하시고 세상 모든 것들의 하나님이십니다.

우리의 직업은 단순히 생계를 위한 것만은 아닙니다. 어떤 경우에서는 우리가 생계(돈)에 얽매여서 그의 나라를 구하지 못하는 상태에 있을 수 있습니다. 돈에 대한 걱정 또는 돈의 필요나 욕심들이 우리를 하나님의 일군으로 살아가지 못하도록 방해하고 있는 측면이 있습니다. 이런 자들을 향한 말씀이 '돈보다 먼저 그의 나라와 그의 의를 구하라'는 것입니다. 그리하면 하나님께서 모든 것을 책임져 주신다고 말씀합니다.

하나님은 결코 거짓을 말씀하시지 않습니다. 우리가 먼저 그의 나라를 구한다면 틀림없이 먹고 마시는 것들을 하나님으로부터 얻게 될 것입니다. 이것을 믿지 못한다면 당신은 "믿는 자(信者)"가 아닙니다.

3. 경제적 직업, 사역적 직업

이에 예수께서 제자들에게 이르시되 아무든지 나를 따라 오려거든 자기를 부인하고 자기 십자가를 지고 나를 좇을 것이니라(마 16:24)

돌아보기.... 예수님을 좇아가는데 자신의 직장에서의 손해나 자신의 경제적 손실을 기꺼이 감당할 용의가 있습니까?

성경적용 .... '자기를 부인하고 십자가를 진다는 것' 은 어떤 의미입니까?

생활적용 .... 무엇을 먹을까 하는 걱정 때문에 직장에 매여 하나님 일을 전혀 하고 있지 못한 사람은 직장을 그만 두어야 할까요?

가이드 Guide

경제적 직업, 사역적 직업

꼭 그렇게(단정적으로) 말할 수는 없지만 극단적으로 표현한다면 "돈을 위해서 직업을 택하느냐 아니면 그의 나라와 의를 위해서 직업을 택하느냐?"는 질문을 할 수 있습니다. 예수님께서 명하시는 것은 '그의 나라와 그의 의를 위해서 살라!'는 것입니다.

우리는 직업을 택할 때에도 먼저 그의 나라와 그의 의를 생각하며 택해야 할 것입니다. 그리고 지금의 직업을 그 목적에 따라 변화시켜야 합니다. 그리고 그때 당할 수 있는 고난과 십자가는 당연한 그리스도인의 몫이라고 성경은 말씀합니다. 현실에서 이것은 아주 어려운 문제입니다. 그러나 예수님은 그 좁고 험한 길을 택할 것을 분명히 말씀합니다.

어떤 사람은 '직장생활을 먼저 충실히 한 뒤에 남는 시간에 하나님의 일을 하면 된다.'고 말 합니다. 그러나 그것은 '먼저 그의 나라를 구하라'는 위의 말씀과 상치될 수 있습니다. 우리의 직장생활도 사역이 될 수 있도록 해야 합니다. (직장 속에서 사명을 발견하고, 하나님 나라에 의미 있는 일이 되도록 하는 노력) 만약 그것이 어렵다면 직장을 옮기는 것도 고려해야 할 것입니다. '하나님의 일이 되는지 아닌지'는 누가 판단하는 것이 아니라 진실한 마음으로 하나님 앞에 나아갈 때 스스로 알 수 있는 일입니다.

III. 더 나아가기

1. 업그레이드를 위한 질문

- 돈에 집착하고 있는 세대에 살아가면서 같이 돈에 집착하려는 유혹을 받게 되는데 그 유혹을 어떻게 하면 이겨나갈 수 있을까요? 지혜를 모아 봅시다.

- 직업(생업)과 소명은 일치할 수도 있고 아닐 수도 있습니다. 직업이 소명이 되게 하거나 생업과 함께 소명을 이루어가는 방법에는 어떤 것이 있을까요?

2. 상황화 신학작업

모든 세속의 직업이 하나님을 섬기기 위한 참된 직업(소명)과 동일시될 수는 없는 것입니다. Tam sine은 그의 책 '하나님 나라를 이루는 제자도'에서 우리의 직업을 '경제상의 직업'과 '사역의 직업(ministry vocation)으로 나누어 설명했습니다. 즉 우리에게는 경제적인 필요에 따른 직업이 있지만 그리스도의 제자로서의 부르심과 그에 따른 사역적인 할 일이 우리에게 있다는 것입니다.

어떤 사람이 자신의 소명을 느끼고 외국인 노동자를 위한 야학을 열심히 하기 위해서 자신의 직장(일반 사무직)을 버리고 비교적 시간을 많이 낼 수 있는 아르바이트를 하면서 야학을 한다면 그것은 바람직한 일일까요?

3. 개인 실천사항 점검

- 당신은 세상 사람들처럼 돈이 우상이 되어 사는 경우는 없었습니까?
- 당신은 온전히 돈보다 하나님의 나라와 의를 구하는 삶을 살고 있습니까?
- 하나님 앞에서 더 올바른 돈에 대한 태도를 가지기 위해서 개선해야 할 부분은 무엇입니까?

그것을 위해 이번 주부터 구체적으로 실천할 수 있는 것은 무엇입니까?

* 오늘 공부로부터 적용한 것들을 구체적으로 어떻게 실천할지 정리해 보고 실천 항목들을 사람들과 함께 나누십시오. 그리고 서로를 위해 기도하십시오.

제 6 과

교육

1. 기독교 교육은 무엇인가?

2. 계몽주의, 포스트모더니즘 교육

3. 참된 안식

... 이런 맥락에서 기독교 신앙이 우리의 삶의 모든 영역들과 무관하지 않고, 그 중심에서 기준과 체계가 되는 것입니다. 교육과 신앙이 다른 영역이 아니고 신앙과 신앙 안에서의 교육이 있다는 것을 본과를 통해서 생각해 보기를 원합니다.

제 6 과 교육

제 6과 : 교육

I. 들어가기

우리는 늑대 소년에 관한 이야기를 기억합니다. 정글에서 늑대의 젖을 먹고 늑대들 사이에서 자라난 아이는 늑대와 같이 걷고 늑대와 같이 울고 늑대처럼 행동했습니다. 그는 분명히 사람이었지만 사람다운 모습은 전혀 찾아볼 수 없었다고 합니다.

그 늑대 소년은 태어나면서 늑대들 속에서 늑대로 자랐고 늑대로 양육되었기에 그가 사람임에도 사람보다는 늑대에 가까운 생각과 행동을 했다는 것입니다. 이와 같이 우리가 어떻게 교육 되는가, 어떤 환경에서 양육되는가 하는 것은 너무나 중요한 문제입니다.

우리는 온전한 그리스도인을 양육하고 있습니까? 우리에게는 온전한 그리스도인으로 자라게 할 교육 프로그램이 있습니까? (우리의 교육도 성경은 배우지만 다른 부분에서는 완전히 늑대(세속적)의 가치관과 행동들을 배우는 교육이 되고 있지는 않습니까?) 이 교육에 관한 문제는 그리스도인들에게 아주 중요한 문제일 수밖에 없습니다.

Goal 이 과의 목표

아브라함 카이퍼는 '삶의 체계로서의 기독교'라는 말을 했습니다. 우리의 기독교 신앙은 교회 안에서만 발휘되거나 또는 성경말씀은 성경에 대한 지식으로 한정되는 것이 아니라 삶 속에 적용되고 실천되어서 삶의 체계가 된다는 것입니다. 이런 맥락에서 기독교 신앙이 우리의 삶의 모든 영역들과 무관하지 않고, 그 중심에서 기준과 체계가 되는 것입니다. 교육과 신앙이 다른 영역이 아니고 신앙과 신앙 안에서의 교육이 있다는 것을 본과를 통해서 생각해 보기를 원합니다.

교육과 신앙이 이원화되어서 '교육 따로 신앙생활 따로'가 아니라 신앙인으로서의 교육, 신앙적인 교육, 신앙적인 학문을 고민해야 할 것입니다. 예수님께서는 마태복음 28:20에서 "내가 너희에게 분부한 모든 것을 가르쳐 지키게 하라."고 말씀하셨습니다. 이것이 그리스도인 교육의 기초가 되어야 할 것입니다. 예수님이 분부하신 것을 가르쳐서 예수님의 일군을 만드는 것이 그리스도인 교육의 목표라고 할 수 있지 않을까요?

II. 성경 적용 훈련

1. 기독교 교육은 무엇인가?

오직 너는 스스로 삼가며 네 마음을 힘써 지키라 그리하여 네가 눈으로 본 그 일을 잊어버리지 말라 네가 생존하는 날 동안에 그 일들이 네 마음에서 떠나지 않도록 조심하라 너는 그 일들을 네 아들들과 네 손자들에게 알게 하라 네가 호렙 산에서 네 하나님 여호와 앞에 섰던 날에 여호와께서 내게 이르시기를 나에게 백성을 모으라 내가 그들에게 내 말을 들려주어 그들이 세상에 사는 날 동안 나를 경외함을 배우게 하며 그 자녀에게 가르치게 하라 하시매(신 4:9-10)

돌아보기.... 당신은 '교육'을 무엇이라 생각합니까? 또 '기독교 교육'을 무엇이라 생각합니까?

성경적용.... 위의 말씀을 포함한 성경은 교육을 누구에게 명령하고 있습니까? (교육의 주체는 누구입니까?)

생활적용.... 가정과 학교와 교회 그리고 국가 중에 우리 아이들 교육의 책임자가 되어야 할 곳은 어디라고 생각합니까?

가이드 Guide 기독교 교육은 무엇인가?

사람들은 자신의 자녀에게 왜 교육을 시키려고 하는 것일까요? 아마 자신이 생각하는 훌륭한 사람(좋은 삶)으로 이끌기 위해서라고 할 수 있을 것입니다. 우리 그리스도인에게 훌륭한 사람, 이상적인 삶은 어떤 것일까요? 그 답은 비교적 간단합니다. '하나님께서 인정하시고 하나님이 원하시는 삶과 사람'일 것입니다.

성경은 교육의 주체가 국가도 아니고 자녀들도 아니고 부모라고 말씀하고 있습니다. 하나님께서는 자녀들을 부모의 지도하에 온전한 하나님의 백성으로 양육할 것을 말씀했습니다. 아이를 교육하는데 국가나 학교, 교회학교 등도 중요한 역할을 하고 있고 또 책임을 져야 하지만 그 주된 책임자와 주관자는 부모임을 잊지 않아야 합니다. 우리는 국가사회에 필요한 사람을 양육하는 것이 아니라 하나님께 필요한 사람을 양육해야 합니다.

그러므로 그리스도인 부모라면 자녀를 그리스도인으로 양육하려는 교육목적을 가져야 하고 기독교 교육을 지향하는 것이 마땅합니다.

2. 계몽주의, 포스트모더니즘 교육

여호와를 경외하는 것이 지혜의 근본이요 거룩하신 자를 아는 것이 명철이니라(잠 9:10)
여호와를 경외함이 곧 지혜의 근본이라 그 계명을 지키는 자는 다 좋은 지각이 있나니 여호와를 찬송함이 영원히 있으리로다(시 111:10)

돌아보기.... 일반 학교에서 배우는 교육의 내용과 성경의 가르침이 일치하지 않는 것에는 어떤 것들이 있습니까?

성경적용.... 성경은 "여호와를 경외하는 것이 지식의 근본(잠1:7)"이라고 말씀합니다. 어떻게 하나님에 대해서 배우고 하나님을 더 존경하는 것이 지식의 근본이 될 수 있을까요? 하나님에 대해서 배우는 것이 일반 학문을 하는 것과 같을 수 있을까요?

생활적용.... 일반 학교 교육은 '합리성을 표방한 이성주의가 하나의 신앙이 되어서 이성이 하나님의 자리에서 모든 진리를 휘두르는 계몽주의'에 바탕을 두거나 '절대적인 진리는 없다면서 다원주의문화와 종교다원주의를 주장하는 포스트모더니즘'에 바탕을 두고 있습니다. 이런 것들은 은연중에 신앙을 미신화 하고 기독교의 절대 진리를 거부하는 교육을 하고 있습니다. 이런 교육이 펼쳐지는 학교에 아이들을 그냥 맡길 수 있을까요? 이런 교육환경에서 기독어린이들이 받게 될 위험은 어떤 것들이 있을까요?

가이드 Guide

계몽주의, 포스트모더니즘 교육

결코 교육은 중립적이지 않습니다. 학교에서 배우는 것들은 순수한 학문으로서 기독교나 불교 등과 무관한 중립적인 것으로 생각하기 쉽습니다. 그러나 '단군사상'이나 '다윈의 진화론'과 같은 것만 비기독교적인 것이 아닙니다. 기독교 신앙과 원리에 반하는 학문과 교과는 훨씬 많습니다.

특히 현재 학교교육에 팽배해 있는 계몽주의와 포스터 모더니즘적인 영향은 심각한 것이라 할 수 있습니다. 이런 사상들은 교육전반에 퍼져있는데 이것은 하나의 신앙과 같은 것이라 할 수 있습니다. 이런 사상에 물들수록 신앙으로부터 멀어지거나 잘못된 신앙으로 비뚤어질 위험이 많이 있습니다. 학교교육을 열심히 받고 또 교회에서 성경교육을 받으면 된다는 식으로 생각하는 것은 너무 안이한 생각입니다. 그리고 그렇게 해서는 결코 좋은 그리스도인을 양성할 수 없을 것입니다.

우리는 학문할 때에 신앙에 기초를 둔 학문을 익혀야 합니다. 하나님을 인정하고 말씀에 기초해서 학문을 연구하고 가르치고 배워야 할 것입니다. 하나님을 부인하거나 제대로 인식하는 학문은 결코 진리일 수 없습니다. 학문(이성)으로 하나님의 말씀을 점검하는 것이 아니라 말씀으로 학문을 판단해야 합니다.

3. 대안적 기독교 교육

오늘 내가 네게 명하신 이 말씀을 너는 마음에 새기고 네 자녀에게 부지런히 가르치며 집에 앉았을 때에든지 길을 갈 때에든지 누워 있을 때에든지 일어날 때에든지 말씀을 강론할 것이며(신 6:6-7)

또 아비들아 너희 자녀를 노엽게 하지 말고 오직 주의 교훈과 훈계로 양육하라(엡 6:4)

돌아보기 .... 기독교 교육과 성경교육은 다른 것입니까? 그렇다면 어떻게 다른 것입니까?

성경적용 .... 하나님께서 우리에게 명령하시는 교육은 어떤 것이라 생각합니까?(성경을 암송하고 성경지식을 가르치는 것만 하면 될까요?) 기독교 신앙에 입각한 국어교육, 사회교육, 과학교육 등이 가능하다고 생각하십니까? 또는 필요하다고 생각합니까?

생활적용 .... 우리에게 세속적 교육, 신앙적 교육이라는 이분법이 가능합니까? 만약 그렇지 않다면 우리는 어떻게 기독교 교육을 할 수 있을까요?

한국에 많은 미션스쿨들이 있습니다. 그러나 미션스쿨과 '기독교학교'는 다른 것이라 할 수 있습니다. 미션스쿨은 믿지 않는 사람들에게 복음을 전하는 것이라면 기독교 학교는 기독교적인 학문과 교과과정으로 가르치는 학교를 의미한다고 할 수 있습니다. 한국에서도 시작되고 있지만 서양에는 이미 많은 기독교 학교들이 있고 독자적인 기독교적 교과서를 가지고 교육하는 학교들이 있습니다.

모든 것을 세속적인 것과 신앙적인 것으로 나눌 수는 없지만(왜냐하면 하나님께서 수학도 만드시고 어학도 만드셨기 때문에) 신앙적인 시각과 방법으로 교육할 수 있는 부분은 아주 많이 있습니다. 그리고 또 분명히 반 신앙적인 교육이 이루어지는 모습들도 현재 학교 안에서 많이 찾아볼 수 있습니다.

누군가 이성으로 모든 진리를 분별할 수 있다고 생각해서 하나님도 우리의 이성으로 판단하려고 하고 성경도 우리의 이성의 잣대로 진위를 가리려고 한다면, 그는 이미 이성주의의 우상을 가진 계몽주의 교육에 오염되었다고 할 수 있을 것입니다.

III. 더 나아가기

1. 업그레이드를 위한 질문

- 기독교 교육을 통해서 양성하고자 하는 모범적인 인간의 모델은 어떤 것일까요?

- 대부분의 기독교인 부모들은 자녀들이 '교회 출석은 꼭 하면서 아주 사회적으로 출세한 인물'이 되기를 바라며 교육을 하는 것 같습니다. 진정 그리스도인이 교육을 통해 이루어야 할 인간상은 어떤 것일까요?

2. 상황과 신학작업

- 현재 대부분의 교회주일학교에서는 일주일에 1시간 정도의 성경교육만 이루어지고 있습니다. 그리고 학교에서는 (미션스쿨이라 할지라도) 거의 포스트모더니즘과 계몽주의에 오염된 교육이 이루어지고 있습니다. 그리고 대부분의 가정에서는 교육을 학교(학원)와 교회에 위탁해 버리고 마는 실정입니다. 이런 상황에서 온전한 그리스도인의 양육이 가능하다고 생각하십니까?

- 이런 것을 고민하는 사람들 중에는 아이들을 학교에 보내지 않고 성경에 따라 부모가 기독교적인 교육을 시행하는 홈스쿨링을 하거나 기독대안학교에 보내는 사람들이 있습니다. 그러나 이런 교육은 아무나 쉽게 시도할 수 없는 것입니다. 과연 이런 상황에서 우리가 할 수 있는 일을 무엇일까요?

3. 개인 실천사항 점검

- 당신의 자녀나 교회의 아이들이 온전한 기독교교육으로 양육되고 있습니까?
- 당신은 온전한 기독교 교육을 위해서 가장 시급한 문제가 무엇이라 생각합니까?
- 당신이 한국 기독교 교육의 발전을 위해서 할 수 있는 일들에는 어떤 것이 있을까요?

그것을 위해 이번 주부터 구체적으로 당신이 실천할 수 있는 것은 무엇입니까?

* 오늘 공부로부터 적용한 것들을 구체적으로 어떻게 실천할지 정리해 보고 실천 항목들을 사람들과 함께 나누십시오. 그리고 서로를 위해 기도하십시오.

CLM 토론식 성경 적용 훈련 교재

제 7 과

환경

1. 하나님나라 확장으로서의 자연회복
2. '정복하고 다스리라' 는 의미
3. 어떻게 자연 환경을 회복시킬 것인가?

환경문제는 그리스도인들에게 아주 특별한 문제일 수밖에 없습니다. 왜냐하면 하나님께서 우리에게 자연환경을 다스리라고 말씀하셨기 때문입니다. 우리는 하나님으로부터 자연환경에 대해서도 청지기 역할을 부여받았습니다.

제 7 과 환경

제 7과 : 환경

1. 들어가기

하나님께서 천지를 창조하실 때 창조하신 모든 자연들을 보시면서 “보시기에 심히 좋았더라.”고 말씀하셨습니다. 그러나 아담의 타락 이후에 자연은 하나님께서 처음 창조하실 때의 아름다움을 잃어버리기 시작했고 지금은 죄악된 사람의 본성과 같이 어그러지고 더러워지고 왜곡된 모습을 가지게 되었습니다.

그리스도인은 하나님을 기쁘시게 해드리고자 하는 사람입니다. 그렇다면 하나님께서 보시고 심히 좋았다는 자연을 다시 회복시키는 일은 하나님을 기쁘시게 하는 일이고 그것이 우리의 중요한 사역이 되지 않을까요?

하나님께서는 창조 때에 사람과 자연과 동식물이 모두 조화롭게 잘 사는 것을 보시고 좋아하셨습니다. 그리고 그 모든 피조물을 우리 사람들에게 다스리라고 말씀하셨습니다. 우리 그리스도인들은 세상의 환경보존과 개발과는 다른 모든 피조물들의 청지기로서의 역할을 부여받았습니다. 자연과 환경에 대한 그리스도인의 청지기적인 역할은 어떤 것일까요?

이 과의 목표

환경문제는 그리스도인들에게 아주 특별한 문제일 수밖에 없습니다. 왜냐하면 하나님께서 우리에게 자연환경을 다스리라고 말씀하셨기 때문입니다. 우리는 하나님으로부터 자연환경에 대해서도 청지기 역할을 부여받았습니다. 그리고 현재의 자연과 동식물이 신음하고 있는 것은 우리 인간의 책임이라고 할 수 있습니다. 인간의 범죄 때문에 자연환경까지 저주를 받았기 때문입니다.

본과를 통해서 자연환경에 대한 그리스도인의 사명을 생각해 보고 그리스도인이 환경보호에 대해 어떤 입장을 가져야 하는지 그리고 우리가 이 자연환경을 어떻게 하나님이 보시기에 좋으셨던 모습으로 회복시킬 수 있는지 생각하는 기회가 되었으면 합니다.

짧은 시간에 기독교적 환경에 대한 모든 답들을 찾을 수는 없을 것입니다. 그러나 그리스도인들에게 환경에 대한 중요한 사명이 있다는 것과, 우리는 맹목적 보전이나 개발이 아닌 환경에 대한 청지기로서의 다스리는 역할을 해야 한다는 것을 환기할 수 있기를 바랍니다.

II. 성경 적용 훈련

1. 하나님 나라 확장으로서의 자연회복

하나님이 그 지으신 모든 것을 보시니 보시기에 심히 좋았더라 저녁이 되며 아침이 되니 이는 여섯째 날이니라(창 1:31)
아담에게 이르시되 네가 네 아내의 말을 듣고 내가 너더러 먹지 말라 한 나무 실과를 먹었은즉 땅은 너로 인하여 저주를 받고 너는 종신토록 수고하여야 그 소산을 먹으리라 땅이 네게 가시덤불과 엉겅퀴를 낼 것이라(창 3:17-18)
그의 십자가의 피로 화평을 이루사 만물 곧 땅에 있는 것들이나 하늘에 있는 것들을 그로 말미암아 자기와 화목케 되기를 기뻐하심이라(골 1:20)

돌아보기.... 당신은 평소에 환경보호에 대해서 얼마나 관심이 있습니까? 그리고 환경문제를 신앙과 연관해서 생각해 본 적이 있습니까?

성경적용 .... 그리스도인에게 환경보호는 어떤 위치를 차지하는 문제일까요? 아담의 범죄와 예수님의 십자가의 대속은 자연환경과 어떤 연관이 있을까요?

생활적용 .... 환경보호가 하나님의 창조의 아름다움을 회복하는 것이라고 한다면 그것은 영혼구원과 함께 하나님 나라 확장을 위해서 꼭 필요한 것이라 할 수 있을까요?

하나님 나라 확장으로서의 자연회복

하나님께서 이 땅을 창조하신 후에 보시기에 심히 좋았더라고 말씀하셨는데 '그 좋음', '그 아름다움'을 회복하는 의미에서 '생태운동'나 '친환경운동'이 그리스도인의 중요한 사명이라고 할 수 있습니다. 하나님께서 보시기 좋은 상태로 만들어가는 것이 우리의 사명이 되고 하나님 나라를 확장하는 중요한 사업이 될 수 있습니다.

성경은 아담의 범죄이후에 '보시기에 심히 좋았던' 것이 사람 때문에 저주받은 땅이 되었다고 말씀합니다. 인간의 죄와 타락이 결국 자연환경의 타락을 가져왔다는 것입니다. 그리고 사람들이 예수님의 십자가로 그 죄에서 구속을 받은 것과 같이 예수님의 대속의 십자가의 능력은 그자연과 동식물의 구속(영혼구원이 아니라 타락이전의 조화로운 상태로 회복된다는 의미에서)에도 작용하게 될 것입니다. 구속된 자들이 잘 다스려 자연의 회복을 이룰 것이기 때문입니다.

하나님의 나라에는 하나님을 왕으로 섬기는 사람들만 필요한 것이 아니라 하나님의 법과 제도가 있어야 하고 하나님께서 보시기에 좋은 땅과 자연도 있어야 할 것입니다. 그 나라에는 동식물들도 평안하며 기뻐하며 살 수 있는 나라가 이루어져야 할 것입니다. 그래서 우리 그리스도인들은 이런 하나님 보시기에 좋은 아름다운 나라를 만들기 위해서 이 일을 사명으로 알고 열심히 노력해야 할 것입니다.

2. '정복하고 다스리라' 는 의미

> 하나님이 자기 형상 곧 하나님의 형상대로 사람을 창조하시되 남자와 여자를 창조하시고 하나님이 그들에게 복을 주시며 그들에게 이르시되 생육하고 번성하여 땅에 충만하라, 땅을 정복하라, 바다의 고기와 공중의 새와 땅에 움직이는 모든 생물을 다스리라 하시니라(창 1:27-28)

돌아보기.... 당신은 평소 환경보존과 자연개발 중에 어느 쪽을 지지하는 편입니까? 그 지지 하는 이유는 무엇입니까?

성경적용.... 일부 학자들은 기독교의 '인간 중심적 세계관' 에서 환경파괴의 원인을 찾는 경우가 있습니다. 아마 창세기 1:28절 '땅과 생물을 정복하고 다스리라'는 말씀이 자연을 두려움과 숭배의 대상으로 생각하던 사람들에 비해서 그리스도인들에게 자연을 파괴하는 동기를 제공했다는 주장인 것 같습니다. 과연 이런 주장은 일리가 있는 것일까요? 기독교인이 책임을 느껴야 할 부분은 있을까요? 그렇다면 우리는 '정복하고 다스리라' 는 말씀을 어떻게 적용해야 할까요?

생활적용.... 우리가 개인적으로 또는 가정에서 실천할 수 있는 환경보호를 위한 일들에는 무엇이 있을까요? 또 교회적으로 할 수 있는 자연의 회복을 위한 일들에는 어떤 것들이 있을까요? 같이 찾아봅시다.

'정복하고 다스리라'는 의미

기독교가 결과적으로 개발주의자의 편에 서는 것처럼 보일 수 있는 역사를 가진 것은 사실일 것 같습니다. 선교사들이 들어오면서 문명이 들어오고 또 개발이 시작된 면이 있기 때문입니다. 그리고 미신적으로 자연을 숭배하던 사상들을 깨는 역할을 한 것도 사실이고 그것 때문에 자연파괴에 영향을 준 것도 사실일 것입니다.

그러나 그것이 꼭 기독교의 책임이라고 말하는 것은 옳지 않습니다. 인류가 발전하면서 계속해서 자연은 파괴되어왔기 때문입니다. 그리고 기독교는 자연을 파괴하라고 결코 말하지 않습니다. 하나님께서 주신 자연을 잘 보존하고 다스리는 것이 기독교 교리입니다. 기독교는 미신적으로 자연을 절대시하고 절대 건드리지(다스리지) 않는 것을 옳다고 생각하지 않습니다. 그리고 또한 자연을 인간 유익을 위해서 마음대로 할 수 있는 것이라고도 생각하지 않습니다.

3. 어떻게 자연 환경을 회복시킬 것인가?

피조물의 고대하는 바는 하나님의 아들들의 나타나는 것이니 피조물이 허무한데 굴복하는 것은 자기 뜻이 아니요 오직 굴복케 하시는 이로 말미암음이라 그 바라는 것은 피조물도 썩어짐의 종노릇 한데서 해방되어 하나님의 자녀들의 영광의 자유에 이르는 것이니라 피조물이 다 이제까지 함께 탄식하며 함께 고통하는 것을 우리가 아나니 이뿐 아니라 또한 우리 곧 성령의 처음 익은 열매를 받은 우리까지도 속으로 탄식하여 양자 될 것 곧 우리 몸의 구속을 기다리느니라(롬 8:19-23)

돌아보기.... 인류의 범죄와 타락 그리고 저주로 인해서 사람과 같이 '탄식하고 고통하고' 있는 동물과 식물의 모습은 어떤 것들이라 할 수 있습니까?

성경적용 .... 처음 창조 때의 자연의 모습, 그리고 하나님께서 기뻐하시는 자연의 모습은 어떤 것일까요? 지금 천지창조 때의 자연을 회복하기 위해 문명이 없는 상태로 돌아가는 것이 타락한 자연을 회복하는 것일까요? 과연 그리스도인의 사명으로서 추구해야 할 회복된 환경의 모습은 어떤 것일까요?

생활적용 .... 그리스도인이 자연에 대한 태도나 환경에 대한 생각에서 일반 개발론자나 환경주의자들과 비교해 달라야 할 부분이 있다면 어떤 것들이 있을까요?

가이드 Guide

어떻게 자연 환경을 회복시킬 것인가?

아담의 타락 후에 그 타락의 결과는 사람뿐만 아니라 동물과 자연에까지 미쳤습니다. 현재 지구는 사막화, 오존층 파괴, 기상이변 등의 문제들을 안고 있고 인간들의 탐욕으로 인해서 자연환경이 무분별 하게 파손되어 동식물의 생존에 많은 위협을 주고 있습니다.

타락이전의 세계에서는 모든 피조물들이 참으로 조화롭고 온전한 관계들 속에 화목하게 살았습니다. 예수님께서는 십자가의 피로서 타락의 결과로 하나님과의 관계가 깨어진 것들을 회복시키셔서 자연 속에 깨어진 조화로움을 회복하실 것입니다. 그리고 그것은 예수님의 일을 이어받은 우리의 할 일이기도 합니다.

개발론자: 인간이 주인이 되어 인간을 위해서 마음대로 자연환경을 이용(파괴)하고 동식물에 위해를 가할 수 있다. 인간만 중요하게 생각하는 측면이 있다.

환경론자: 자연 자체가 절대시 되고 우상화 되는 경향이 있다. 자연 그 자체가 숭고하고 그것이 절대가치가 되어서 사람이 자연을 위해서 희생하는 경향이 나타난다.

그리스도인: 자연에 대해서 주인의식이 아니라 청지기의식을 가지고 하나님께서 창조하신 자연을 소중하게 생각하고 사랑한다. 그러나 그 자연환경을 하나님께서 인간들을 위해서 주셨다는 것을 생각하고 자연을 사람들을 위해서 잘 개발하고 사용하기를 두려워하지 않는다.

III. 더 나아가기

1. 업그레이드를 위한 질문

- 어떤 환경주의자들은 모든 개발(도로건설, 댐건설, 간척지 사업 등)을 중지하고 자연을 보호할 것을 주장합니다. 또 반대의 사람들은 자연보호보다는 국토를 이용하고 개발하여 인간에게 유용하게 사용해야 된다고 주장합니다. 그리스도인은 말씀(창1:28)에 근거해서 개발과 보존의 논리들 중에 어디에 비중을 두어서 자연에 접근해야 하는 것일까요?
- 우리는 '자연과 동식물의 구속사업'에 얼마나 열중해야 하나요?

① 영혼구원과 같은 맥락에서 자연과 동식물을 생태적으로 회복(구원)시키는 일도 아주 중요하다

② 인간의 영혼구원 이후에 여유 있을 때 신경 써야 할 문제이다

③ 환경문제는 구속과는 전혀 관계없다. 신앙적으로 별로 신경 쓰지 않아도 된다.

2. 상황화 신학작업

- 교회 수련회에서 더 많은 성경공부시간을 확보하기 위해서(설거지 시간을 줄이려고) 식사 때마다 일회용 용기를 사용하려고 한다면 당신의 의견은 무엇입니까?

  ① 별문제가 안 된다(찬성)

  ② 절대 사용해서는 안 된다(반대)

  ③ 한두 번 정도는 가능하다(중립)

3. 개인 실천사항 점검

- 당신은 하나님의 창조의 기쁨이었던 환경을 잘 가꾸고 보존합니까?
- 당신이 할 수 있는 환경보호를 위한 일들은 무엇입니까?
- 당신이 주변사람들이나 교회와 연합으로 할 수 있는 환경보호를 위한 일은 무엇입니까?

그것을 위해 이번 주부터 구체적으로 실천할 수 있는 것은 무엇입니까?

* 오늘 공부로부터 적용한 것들을 구체적으로 어떻게 실천할지 정리해 보고
실천 항목들을 사람들과 함께 나누십시오.
그리고 서로를 위해 기도하십시오.

CLM 토론식 성경 적용 훈련 교재

제 8 과

미디어

1. 미디어는 항상 악한 것인가?

2. 온전한 미디어 사용

3. 미디어의 세상도 하나님의 영역으로

우리는 세상 속에 살며 세상문화에 많은 영향을 받고 살아갑니다. 현대는 특히 미디어가 중요한 세상이라 할 수 있습니다. 미디어에 의해서 사람들의 생각이 형성되고 문화가 형성된다고 할 수 있습니다.

제 8 과

미디어

제 8과 : 미디어

I. 들어가기

"당신의 집은 성전이 되었고, 당신의 가족은 교회가 되었으며 TV수상기는 저급함이란 종교의식을 치루는 제사장이 되었습니다. 당신은 트라피스트회의 수도사가 경험하는 것 보다 더한 예배를 경험하였습니다. 당신은 모두 즐거운 시간이었다고 믿었지만 사실은 당신은 설교를 들은 것입니다.

TV화면은 당신의 스승이었고 또한 당신의 어머니나 아버지, 형제와 자매였을 지도 모릅니다. 당신이 이 중 어떤 사람에게 보다도 현저하게 긴 시간, 자주 화면에 관심을 기울였기 때문입니다. 결국 화면은 당신의 가족이기도 합니다.

어린이들은 평균적으로 하루 3시간 TV를 시청하고 청소년들은 1시간 반 내지 2시간, 성인은 3시간 이상을 시청합니다." -Sibyl Sender-

TV뿐만 아니라 현대에는 많은 미디어 매체들에 의해서 우리의 영혼이 휘둘리고 있습니다. 의식하든 의식하지 못하든 우리는 미디어들에서 쏟아지는 세속의 가치관과 철학 그리고 이방신앙의 영향들을 통해서 우리의 영혼에 영향을 받고 때로는 혼란과 혼탁함으로 유도됩니다. 또한 미디어의 영향력은 이 세상을 이끌어가는 중요한 축이 되고 있습니다.

우리는 이런 큰 영향력을 가진 미디어의 세계를 모른척할 수 없습니다. 우리가 온전한 그리스도인으로 살아가기 위해서는 미디어를 조절할 수 있어야만 합니다. 그리고 이 세상을 하나님 나라로 이끌려고 한다면 이 미디어의 영역도 하나님의 말씀으로 다스려야 할 것입니다.

이 과의 목표

우리는 세상 속에 살며 세상문화에 많은 영향을 받고 살아갑니다. 현대는 특히 미디어가 중요한 세상이라 할 수 있습니다. 미디어에 의해서 사람들의 생각이 형성되고 문화가 형성된다고 할 수 있습니다. 우리 그리스도인들은 세상을 변화시키는 사람임과 동시에 세상으로부터 많은 영향을 받기도합니다. 세상이 악한 사상과 문화에 사로잡혀있을 때 우리 역시 그 악한 영향을 받게 되는 것입니다. 우리는 세상에 영향을 받고 있고 세상은 미디어에 영향을 받습니다. 그래서 우리가 잘 건강하게 살기 위해서는 세상이 건강해져야 하고 세상이 건강하기 위해서는 미디어가 건강해져야 합니다.

마찬가지로 우리가 그리스도인으로 세상을 건강하게 변화시키기를 원한다면 미디어의 영역을 변화시키고 건강하게 만들어야 할 필요가 있습니다. 본 과를 통해서 우리 그리스도인들에게 미디어가 중요한 부분이며 미디어에 대한 사명이 있다는 것을 공유하게 되기를 바랍니다. 그리고 미디어에 대한 사역을 어떻게 해나가야 할지를 같이 고민해 봅시다.

II. 성경 적용 훈련

1. 미디어는 항상 악한 것인가?

너희는 이 세대를 본받지 말고 오직 마음을 새롭게 함으로 변화를 받아 하나님의 선하시고 기뻐하시고 온전하신 뜻이 무엇인지 분별하도록 하라(롬 12:2)

돌아보기.... 당신의 TV보는 시간, 영화 보는 시간, 음악 듣는 시간은 일주일에 얼마쯤 됩니까? 그리고 그것이 당신에게 어떻게(또는 얼마나) 영향을 주고 있다고 생각하십니까?

성경적용 .... 미디어로부터 받는 유익함이 있다면 무엇이고 또 해롭고 악한 것이 있다면 어떤 것이 있을까요? 특히 미디어 때문에 신앙생활에 악영향을 주고 방해가 되는 것이 있다면 어떤 것이 있나요?

생활적용 .... 우리에게 근본적으로 해악을 주는 영화나 노래가사, TV프로 등이 있다고 생각하십니까? (그것을 구별하는 기준은 무엇이 되어야 한다고 생각하십니까?) 특별히 세속적이고 비 성경적인 메시지를 주는 TV 프로나 영화나 유행가에는 구체적으로 어떤 것들이 있는지 나눠봅시다.

가이드 Guide 미디어는 항상 악한 것인가?

옛날에 책이 유일한 미디어이던 시대와 달리, 매스미디어(대중매체)시대에 살고 있는 우리는 많은 시간 매스미디어를 접하게 됩니다. 그리고 대중매체의 영향은 엄청나다고 할 수 있습니다. 미디어는 우리에게 많은 정보를 주고, 우리의 생활에 많은 편리를 주고 도움이 되는 것도 사실입니다.

그러나 그것이 주는 해악도 많습니다. 현재와 같이 많은 사람들이 황금만능 풍조에 빠지게 된 것도, 퇴폐적이고 향락적인 시류가 된 것도, 쾌락을 좇는 사람이 많아진 것도 매스미디어의 영향이라고 할 수도 있을 것입니다. 특히 성도들이 성경에서 엄격하게 금하고 있음에도 불구하고 세속에 물들게 되는 것에 매스미디어들이 아주 크게 작용하는 것 같습니다.

신성모독을 하고 기독교를 노골적으로 부인하는 반기독교적인 내용을 가진 것들뿐만 아니라, 성경에서 금하는 음란, 폭력, 향락 등과 같은 것을 노골적으로 지향하고 부추기는 내용을 담고 있는 상업적인 미디어들은 악한 것으로 분류해야 할 것입니다. 그리고 은근히 인본주의나 포스트모더니즘적인 사상이 삽입된 것들도 주의해야 합니다. 아름다운 사랑을 그리면서 불륜을 미화하거나, 용납과 포용을 표방하면서 절대 진리를 부인하고 종교다원주의를 말하는 것들도 분별해야 할 것입니다.

2. 온전한 미디어 사용

내가 기도하노라 너희 사랑을 지식과 모든 총명으로 점점 더 풍성하게 하사 너희로 지극히 선한 것을 분별하며 또 진실하여 허물없이 그리스도의 날까지 이르고 예수 그리스도로 말미암아 의의 열매가 가득하여 하나님의 영광과 찬송이 되게 하시기를 구하노라(빌 1:9-11)

돌아보기.... 이 시대의 주류 미디어가 주는 메시지들은 대표적으로 어떤 것이 있습니까? (조금 좁혀서 영화의 경향을 두고 분석해 볼 수도 있겠습니다.)

성경적용 .... TV나 영화가 좋지 않은 영향을 준다고 해서(또는 조절이 어렵다고 해서) TV를 집에서 없애거나 영화 보는 것을 전혀 하지 않는 그리스도인들도 있습니다. 이것이 성경적일까요? 그리고 이런 행동이 필요하다고 생각하십니까?

생활적용 .... 우리가 속세를 떠나서 살지 않는 한 우리는 미디어를 통해서 늘 세속적인 가치와 사상을 받아들일 수밖에 없을 것입니다.(좋은 영화라 해도 그 중에 해악을 주는 부분이 있을 수 있습니다.) 악한 것들을 걸러내며 미디어를 잘 이용할 수 있는 지혜가 있다면 어떤 것이 있을까요? (즉 비판적으로 미디어를 이용하는 지혜)

현대가 물질만능에 물들어 있다면 미디어를 통해서 우리는 물질주의적이고 향락적인 영향을 피할 수 없습니다. 그래서 어떤 신자들은 '세속에 물들지 않고 거룩함을 지키기' 위해서 모든 대중매체들을 금하는 경우도 있고 심하면 세상과 단절해서 사는 사람들도 있습니다.(아미쉬 공동체)

그러나 우리에게 세상을 변화시키는 사명이 있다는 것을 생각할 때 무작정 모든 것을 단절하기 보다는 매스미디어 세상 속에서 살아가는 지혜를 터득해야 할 것입니다. 이상적인 것은 세상 속에 살지만 세속에 물들지 않고 세상을 밝히는 삶을 사는 것이지만 문제는 매스미디어의 세상 속에서 오염되고 매몰되어 구별됨과 거룩함이 없이 살게 되는 경우가 많다는 것입니다. 그리고 이것을 극복하는 것이 아주 어렵다는 것입니다.

그러나 우리가 좀 더 서로 지혜를 모으고 힘을 합친다면 좀 더 나은 매스미디어 환경을 만들 수 있을 것이고 그 속에 살면서 거룩함을 지키는 지혜를 찾을 수 있을 것입니다. 그 노력으로 인한 변화는 빠르지 않겠지만 주님께서 함께 하시기에 그 노력은 결코 헛되지 않을 것입니다.

3. 미디어의 세상도 하나님의 영역으로

> 만일 내가 감사함으로 참예하면 어찌하여 내가 감사하다 하는 것에 대하여 비방을 받으리요고(전 10:30)
>
> 그런즉 너희가 먹든지 마시든지 무엇을 하든지 다 하나님의 영광을 위하여 하라고(전 10:31)

돌아보기.... 당신이 미디어로부터 받았던 좋은 경험에는 어떤 것이 있습니까? 또는 미디어가 하나님 나라 확장을 위해서 잘 사용된 경우를 안다면 나눠봅시다.

성경적용 .... 미디어의 영역도 하나님께서 창조하신 것이므로 온전한 것이 되어서 하나님 영역으로 돌려 드려야 한다는 주장에 대해서 어떻게 생각하십니까? 미디어 사용을 억제하거나 제한하기 보다는 미디어 세계에 더 적극적으로 뛰어들어서 하나님 나라 확장하는 도구로 사용할 수 있다고 생각하십니까?

생활적용 .... 당신이 영화감독 혹은 TV 프로그램 PD, 또는 작곡 작사자라면 어떤 작품을 만들고 싶습니까?

미디어의 세상도 하나님의 영역으로

하나님께서 지금도 일하십니다. 하나님께서는 창세기 1장에서만 일하신 것이 아닙니다. 출애굽 때도 일하시고 지금도 일하십니다. 하나님께서 음악을 만드셨을 뿐 아니라 영화도 만드시고 방송도 만드셨습니다.

우리는 매스미디어를 사용하여 전도도 하고 교육도 합니다. 기독교 영화도 있고 CCM도 있습니다. 뿐만 아니라 직접적으로 성경을 말하지는 않지만 좋은 영화나 드라마는 우리의 정신을 건강하고 풍성하게 만듭니다. 어떤 방송은 우리로 하여금 환경문제를 돌아보게 하고 이웃사랑을 촉구하기도 합니다.

우리가 창작을 하는 입장이라면 성경을 잘 표현하는 창작물을 만들 수도 있을 뿐만 아니라 세상 사람들에게 따뜻한 마음을 느끼게 하는 작품을 만들 수도 있고 세상에 돈 외에도 아름다운 것들이 많다는 것을 생각하게 할 수도 있고 죽음 이후의 영원한 삶에 대해서 또는 절대자에 대해서 생각하도록 유도할 수도 있을 것입니다.

III. 더 나아가기

1. 업그레이드를 위한 질문

• 다음 중 그리스도인에게 가장 바람직하지 않은 미디어 사용은 어떤 것이라 생각하십니까? 왜 그렇게 생각하십니까?

- 컴퓨터 게임을 매일 2시간 이상씩 한다.
- TV 드라마를 매일 3편 이상 본다.
- 특별한 목적 없이 인터넷(신문, 쇼핑사이트 등)을 매일 2시간 이상 한다.
- 환타지 소설, 무협지, 패션잡지 등을 매일 2시간 이상 본다.
- 폭력, 음란성 비디오나 영화를 매일 한편이상 본다.

• 그리스도인은 대중음악(클래식 포함)을 듣거나 불러서는 안 되나요? 헤비메탈 같은 장르의 음악은 가사와 별개로 음악자체가 악한 것일까요?

• 좋지 않은 TV보기 형태와 좋은 TV 보기 형태에는 어떤 것이 있을까요?

• 좋은 TV 프로그램과 좋지 않은 TV 프로그램의 구별은 가능할까요? 그렇다면 어떻게 나눌 수 있을까요? TV를 볼 때 특히 그리스도인으로 고려해서 봐야할 부분은 어떤 것입니까?

2. 상황화 신학작업

- 성전환 연예인들 또는 동성애자 연예인들이 TV에 출연하는 것과 동성애를 정당화 하는 것 같은 영화나 드라마에 대해서 어떻게 생각하십니까?
- 소수자, 약자에 대한 배려로 인정하고 장려해야 할까요? 아니면 악한 것들의 확산을 막는 차원에서 그것들을 반대해야 할까요?

3. 개인 실천사항 점검

- 당신은 TV나 영화 등의 미디어를 적절히 잘 사용하는 편입니까? 더 좋은 미디어 이용을 위해서 해야 할 일에는 어떤 것이 있을까요?
- 당신은 미디어가 사람들에게 좋은 영향을 주는 쪽으로 가고 있다고 생각합니까?
- 당신이 더 좋은 미디어 환경을 위해 할 수 있는 일에는 어떤 것이 있을까요?

그것을 위해 이번 주부터 구체적으로 실천할 수 있는 것은 무엇입니까?

* 오늘 공부로부터 적용한 것들을 구체적으로 어떻게 실천할지 정리해 보고
실천 항목들을 사람들과 함께 나누십시오.
그리고 서로를 위해 기도하십시오.

CLM 토론식 성경 적용 훈련 교재

제 9 과

정치

1. 정치 참여
2. 시위와 저항
3. 준법 정신

본과를 통해서 어떤 정치적인 입장을 지지하거나 그리스도인이 어떤 정치적 경향을 가져야 하는가 하는 것 보다는 그리스도인으로서 정치에 관심을 가져야 하고 온전한 태도와 행동을 보여야 한다는 것을 나눌 수 있기를 바랍니다.

제 9 과 정치

제 9 과 : 정치

I. 들어가기

우리가 세상을 살아갈 때 무인도에서 혼자 살아가는 것이 아니라면 우리는 정치 사회의 무한한 영향 속에 살 수밖에 없습니다. 우리가 정치에 관심이 있든 그렇지 않든 정치적인 이슈들이 결국 우리의 삶에 영향을 끼치게 됩니다. 그리고 정치사회적인 모든 이슈와 결정들이 결국은 우리가 이루어 가야할 하나님 나라에도 영향을 미칩니다.

정치의 문제는 정치가들만의 문제가 아니라 모든 사람들의 문제입니다. 그래서 아무리 소시민이라 해도 정치에 관심을 가지고 그것이 좋은 방향으로 흘러갈 수 있도록 노력해야 합니다. 하물며 세상의 소금과 빛이 되어야 하는 그리스도인들에게는 더 중요한 의미가 있지 않을까 하는 생각을 해봅니다. 이런 주제를 가지고 같이 머리를 맞대어 봄으로 지금 이 시대에 하나님께서 우리에게 원하시는 일들에 대해서 생각하고 그것을 실천하는 계기가 될 수 있었으면 합니다.

이 과의 목표

정치에 관해서 사람들은 잘 말하려고 하지 않습니다. 왜냐하면 한편으로는 아주 민감한 문제가 될 수 있고 또 다른 한편으로는 우리에게 멀리 있는 것 같이 느껴지지 때문입니다. 본과를 통해서 어떤 정치적인 입장을 지지하거나 그리스도인이 어떤 정치적 경향을 가져야 하는가 하는 것 보다는 그리스도인으로서 정치에 관심을 가져야 하고 온전한 태도와 행동을 보여야 한다는 것을 나눌 수 있기를 바랍니다.

정치는 모두 더렵혀졌으며 따라서 신자들이 피해야만 한다는 편만한 의견은 어디로부터 온 것인가? 분명 성경의 생각은 아니다. 예수님을 진정 따르고자 하는 사람은 하나님의 나라를 모든 책임 있는 방법으로 이 세상 안에 촉진시킬 임무를 갖고 있다.

돈의 예를 들어 보자. 비록 '맘몬'이 그 본질상 분명 이 세상에 속한 것이지만 예수님은 누가복음 16장에서 제자들에게 '맘몬'을 피하라고 가르치지 않으시고 그것을 이 세상에서 책임 있게 다루라고 가르치신다.(독일의 한 기독교정당인 PBC(성경에 충실한 그리스도인들의 정당) 홈페이지 정당 소개 부분 중에서)

II. 성경 적용 훈련

1. 정치 참여

각 사람은 위에 있는 권세들에게 굴복하라 권세는 하나님께로 나지 않음이 없나니 모든 권세는 다 하나님의 정하신 바라 그러므로 권세를 거스리는 자는 하나님의 명을 거스림이니 거스리는 자들은 심판을 자취하리라(롬 13:1-2)

돌아보기.... 당신은 평소에 정치나 사회문제에 관심이 많은 편입니까? 주로 관심을 가지는 분야는 어떤 문제들입니까? 최근에 가장 관심을 가졌던 정치 사회적 이슈는 무엇입니까?

성경적용.... 롬13장 1-7절 말씀을 어떻게 적용해야 할까요? 이 말씀에 근거해서 한국의 다수를 차지하는 보수적인 교회들은 정치 문제에 침묵하고 개입하지 않으려는 태도를 가졌습니다. 과연 성경은 정치문제에 관여하지 말라고 명령하고 있습니까? 당신의 입장은 무엇이며 그 이유는 무엇입니까?

생활적용.... 정치 사회적 이슈들에 대해서 교회가 어떤 태도를 취해야 할까요?

① 교회 밖의 문제에는 가능한 한 관여하지 않는 것이 좋다.
② 문제를 놓고 개인적으로 조용히 기도하는 것이 좋다.
③ 교회적으로 문제에 대한 입장을 정리하고 의견을 표명한다.
④ 적극적 참여와 필요하다면 시위 등의 실력행사도 해야 한다.

정치 참여

가끔 신앙과 정치를 연관 짓는 것에 거부감을 가진 사람도 있습니다. 신앙과 정치가 밀접해서 중세와 같이 교회가 정치권력을 행사하거나 교회가 정치적으로 변질되는 것은 경계해야 할 것이지만 그리스도인과 교회가 결코 정치와 무관할 수 없고 무관심할 수도 없습니다. 왜냐하면 하나님께서 국가를 만드시고 국가권력을 통해서도 일하시기 때문입니다.

다수의 한국교회는 독재정권 때에도 정치와 교회를 철저히 분리하면서 시대의 악과 고통을 외면했던 역사가 있습니다. 로마서 13장에 '위의 권세에 복종하라'는 것은 악한 권력의 악한 행동에 대해서 복종하라는 의미는 결코 아닙니다. '하나님께로 나지 않는 권세가 없다'는 말씀에서 하나님께서 세상의 권세를 주관하시고 사용하신다는 것을 생각해야 합니다. 그리고 우리는 그 권세가 온전히 하나님의 권세로 나타나도록 그 권세에 정의와 사랑을 요구하고 그것을 위해서 힘써야 할 것입니다.

그리스도인과 교회가 어떻게 정치에 참여해야 할지에 관해서는 한 가지 답이 있다기보다 여러 상황(시대상황, 교회의 상황, 문제의 경중 등)에 따라 다양한 생각이 가능할 것입니다. 그러나 같이 생각해 보고 고민하면서 답을 찾아보면 그리스도인으로 정치적인 문제에 더 잘 대응하는 힘을 가지게 될 것입니다.

2. 시위와 저항

오직 공법을 물 같이, 정의를 하수 같이 흘릴지로다(암 5:24)

의와 공평을 행하는 것은 제사 드리는 것보다 여호와께서 기쁘게 여기시느니라(잠 21:3)

나는 너희에게 이르노니 너희 원수를 사랑하며 너희를 핍박하는 자를 위하여 기도하라(마 5:44)

돌아보기 .... 당신은 시위나 캠페인에 참여한 경험이 있습니까? 있다면 어떤 문제 때문이었고 어떤 방법으로 했습니까?

성경적용 .... 위에 인용한 성경구절을 어떻게 적용해야 할까요? 공의를 위해서 악한 자를 공격해야 할까요? 그들을 이해하고 관용하고 사랑해야 할까요?

생활적용 .... 군사 쿠데타 등으로 불의하게 권력을 찬탈하고 악을 행하는 독재정권이 다시 등장한다면 그리스도인인 당신은 어떻게 행동하겠습니까?(기도, 평화시위, 무력시위 등)

믿지 않는 사람들도 공의를 말합니다. 그래서 어떤 사람들은 자신이 옳다고 생각하는 것에 따라 반대쪽 사람들을 조금의 사랑도 없이 매도하기도 하고 원수같이 미워하기도 합니다. 그러나 우리 그리스도인에게 공의는 그와는 좀 다른 모습으로 표현되어야 할 것입니다. 그렇다고 악에 대해서 외면하고 아무런 대항을 하지 않는 것도 그리스도인의 모습이 아닙니다. 그리스도인은 악한 것들에 대해서 분노해야 하는 사람들입니다. 그리고 약하고 핍박받는 자들을 외면하거나 그런 구조적인 악에 대해서 침묵해서는 안 됩니다. 그리스도인은 사랑을 행해야 하지만 공의를 위해서도 일해야 하기 때문입니다.

사랑과 공의를 가지고 정치사회에 다가가는 것은 항상 어려운 문제입니다. 그리고 각 상황에 따라서 여러 가지 지혜가 필요한 문제입니다. 그러나 한 가지 중요한 것은 우리는 늘 사랑과 공의 둘 다 가지고 있어야 하고 한 가지도 포기하지 않아야 한다는 것입니다.

사회정의를 외치고 공의를 말하는 사람들 중에 공의에 대한 열심보다 사람에 대한 미움(사랑이 없음)이 더 중요한 동인이 되는 경우가 있습니다. 또 반대로 교회는 사랑을 행해야 한다며 정치와 거리를 두려는 사람들 중에 정작 하나님의 공의에 대한 열심이 없는 사람도 있습니다.

3. 준법 정신

모든 자에게 줄 것을 주되 공세를 받을 자에게 공세를 바치고 국세 받을 자에게 국세를 바치고 두려워할 자를 두려워하며 존경할 자를 존경하라(롬 13:7)

돌아보기.... 당신은 평소에 교통법규를 철저하게 지키는 편입니까? 잘 지키지 않는다면 어떤 이유 때문입니까?

성경적용 .... '세금문제나 교통법규와 같은 우리가 지켜야 할 법규를 잘 지키는 것이 이 나라의 공의를 세우는 것이기에 그리스도인은 철저히 법을 지켜야 한다.' 는 의견이나 '조그마한 세상 법을 위법하는 것은 하나님의 법(공의, 거짓말하지 말라)을 위반한 것과 같다' 는 의견에 동의할 수 있습니까?

생활적용 .... 타인의 불법(위험하게 불법유턴, 또는 쓰레기 불법 투기 등)에 대해서 그리스도인으로서 어떤 반응을 보여야 할까요?(무관심, 관용, 적극적으로 지적, 등)

좋은 국가와 좋은 정치는 정치인들이 만들어가는 부분도 있지만 실상은 우리 각자가 더 좋은 국민이 될 때 정치와 사회가 발전합니다. 많은 기독교인들이 비리와 부정에 휩싸일 때 그들을 쉽게 비난하지만 우리도 그들과 같은 위치에서 비슷한 유혹을 받을 때 넘어지지 않으리라는 보장이 없습니다.

조그마한 비리들과 조그마한 유혹들을 극복하고 물리치게 될 때 우리는 큰 유혹과 비리에 빠지지 않을 수 있을 것입니다. 다른 사람들에게 정의와 공의를 말하기 전에 먼저 우리의 삶에서 모든 부분들을 공의롭게 만들어 가는 것은 그리스도인들에게 아주 중요한 기초 작업이라고 할 수 있을 것입니다.

그렇다고 해서 우리가 너무 고지식하거나 경직되게 살 필요는 없을 것입니다. 그러나 하나님의 기준에 어긋나지 않고 자신에게 부끄럽지 않게 원칙을 지키고 공의롭게 살아가는 태도는 꼭 필요하다 하겠습니다.

III. 더 나아가기

1. 업그레이드를 위한 질문

- 지금 현재 이슈가 되고 있는 정치 사회적인 문제에(로또 폐지 등) 대해서 그리스도인으로서 취해야 할 태도를 논의해 봅시다. 그리고 구체적인 행동계획을 세워봅시다.
- 새벽에 아무도 지나다니지 않는 건널목에 빨간불이 켜졌을 경우에 건너가도 될까요? 아니면 고지식하게 기다려야 할까요?
- 사회보장을 확대하는 정책과 성장을 중시하는 정책 이 대립할 때 그리스도인은 그 정책들에 통일된 입장을 가질 수 있는가? 그렇다면 어떤 정책을 지지해야 하는가?
- 약자의 테러가 정당화 될 수 있는가? 악에 대한 응징으로 전쟁을 하는 것이 옳은가?

2. 상황화 신학작업

어떤 사람이 직장에 취직한 후 노동조합에 가입할 것을 권유받고 "노동조합에 가입하는 것이 성서적으로 용인되는가, 용인된다면 그 활동영역은 어떻게 제한되는가, 조합 활동과 상사에 대한 복종의 의무는 어떻게 상호 공존할 수 있는가?"등의 고민을 하게 되었습니다. 당신의 답은 무엇입니까?

3. 개인 실천사항 점검

- 당신은 그리스도인으로서 사회 발전을 위해서 관심을 갖고 참여를 하고 있습니까?
- 당신에게 정직한 천국시민으로서 부끄러운 부분은 없습니까?
- 당신이 할 수 있는 사회와 정치의 참여에는 어떤 것들이 있을까요?

그것을 위해 이번 주부터 구체적으로 실천할 수 있는 것은 무엇입니까?

* 오늘 공부로부터 적용한 것들을 구체적으로 어떻게 실천할지 정리해 보고 실천 항목들을 사람들과 함께 나누십시오. 그리고 서로를 위해 기도하십시오.

제 10과

철저한 헌신

1. 십자가를 지고 가는 그리스도인

2. 자신의 것을 버리고 좇음

3. 직업소명, 만인제사장

삶의 여러 영역들에서 그리스도인의 삶(이 교재의 목적)을 말하기 전에 전제가 되어야 할 것이 있습니다. 그것은 먼저 '온전한 믿음과 예수님의 제자로 자신을 헌신하겠다는 온전한 결단이 있는가?' 하는 것입니다.

제 10 과

철저한 헌신

제 10과 철저한 헌신

I. 들어가기

히브리서에서는 우리를 향하여 왕 같은 제사장이라고 말합니다. 출애굽기에 보면 이스라엘이 제사장 나라가 된다는 말씀을 합니다. 또 종교개혁자들이 주장한 핵심이 만인제사장입니다. 모든 그리스도인이 제사장이라는 것입니다.

제사장은 제사장 그 독립적으로는 의미가 없는 사람입니다. 제사장은 백성들을 대신해서 하나님께 제사를 지내주고 다른 사람들을 위해 하나님께 빌고 그 백성들을 하나님 말씀으로 가르치는 일을 하는 사람입니다.

우리가 그런 제사장인 것입니다. 제사장들만 교회에 모여 있어서는 아무런 의미가 없습니다. 우리가 우리의 일상생활 속에서 제사장이 되어야 합니다. 우리 이웃들과 직장 동료들에게 그리스도인으로 불려야 합니다.

그들에게 그리스도인의 삶을 보여 주고 그리스도인의 가치관과 그리스도인의 양심과 그리스도인으로 살아가는 모습을 보여 주어야 합니다. 우리가 참으로 그리스도인으로 살아서 믿지 않는 자들에게 그리스도의 사람이라고 불릴 수 있어야 하겠습니다.

Goal 이 과의 목표

삶의 여러 영역들에서 그리스도인의 삶(이 교재의 목적)을 말하기 전에 전제가 되어야 할 것이 있습니다. 그것은 먼저 '온전한 믿음과 예수님의 제자로 자신을 헌신하겠다는 온전한 결단이 있는가?' 하는 것입니다. 이것이 분명치 않으면 모든 것은 세상 도덕에 불과하고 의미 없는 일들이 되고 말 것입니다.

예수님께서는 제자들을 부르실 때 그들의 모든 것을 버리고 예수님을 좇을 것을 말씀하셨습니다. 예수님을 좇는 사람들은 십자가의 길을 걸어야 할 것을 자주 말씀하셨습니다. 자신의 모든 것을 가지고 편안히 예수님을 좇을 수는 없습니다. 본과에서는 그리스도인의 가장 기초라고 할 수 있는 철저한 헌신에 관한 분명한 입장을 촉구하고 다짐을 받고자 합니다.

그리스도인은 예수님을 좇아가는(그의 삶과 삶의 목적과 태도를) 사람임을 분명히 인식하고 그를 위해서 자신의 삶을 버리는 삶을 살아야 합니다. 이 부분에 대한 결단이 없는 사람은 많은 것을 공부했다 할지라도 그리스도인으로 아무런 진전이 없을 것입니다.

성경 적용 훈련

1. 십자가를 지고 가는 그리스도인

이에 예수께서 제자들에게 이르시되 아무든지 나를 따라 오려거든 자기를 부인하고 자기 십자가를 지고 나를 좇을 것이니라 누구든지 제 목숨을 구원코자 하면 잃을 것이요 누구든지 나를 위하여 제 목숨을 잃으면 찾으리라(마16:24-25)

돌아보기.... 십자가를 지고 예수님을 좇는 것은 어떻게 하는 것인가요? 당신에게 십자가를 지고 예수님을 좇는 모습이 있습니까? 있다면 어떤 모습입니까?

성경적용 .... 십자가를 지지 않고 예수님을 좇을 수 있을까요? "누구든지 제 목숨을 구원코자 하면 잃을 것이요"라는 말씀을 어떻게 해석해야 할까요?

생활적용 .... 당신 삶에서 예수님을 따라가기 위해서 버려야 할 것은 무엇입니까? 그리고 예수님의 제자로 살기위해서 감당해야 할 십자가는 무엇입니까?

가이드 십자가를 지고 가는 그리스도인

예수님을 좇기 위해서 십자가의 고난과 조롱을 감내할 각오가 되었는지를 확인할 필요가 있습니다. 이것은 예수님께서 우리에게 요구하는 것입니다. 적당히 예수님을 믿으면서 세상의 복을 받고 자신을 세상에서 더 높이며 살겠다는 생각을 가진 사람은 결코 예수님을 바로 믿는 것이 아닙니다.

"그리스도 예수의 사람들은 육체와 함께 그 정과 욕심을 십자가에 못 박았느니라(갈 5:24)"라고 말씀합니다. 우리가 예수님과 함께 살려면 먼저 예수님 앞에 자신을 온전히 죽여야 합니다. 그리고 세상의 영광이 아니라 십자가를 추구하는 자세가 있어야 합니다.

2. 자신의 것을 버리고 좇음

그 청년이 가로되 이 모든 것을 내가 지키었사오니 아직도 무엇이 부족하니이까 예수께서 가라사대 네가 온전하고자 할진대 가서 네 소유를 팔아 가난한 자들을 주라 그리하면 하늘에서 보화가 네게 있으리라 그리고 와서 나를 좇으라 하시니 그 청년이 재물이 많으므로 이 말씀을 듣고 근심하며 가니라 예수께서 제자들에게 이르시되 내가 진실로 너희에게 이르노니 부자는 천국에 들어가기가 어려우니라(마19:20-23)

(필요하다면 마 19:16-30절을 모두 읽으십시오)

돌아보기 .... 많은 사람들이 예수님을 잘 좇지(예수님을 길을 걷지) 못하는 경우가 많습니다. 어떤 이유들이 있을까요?

성경적용 .... 부자청년이 예수님에게 기대했던 대답은 무엇이었을까요?, 그리고 예수님께서 그에게 답했던(요구했던) 것은 무엇입니까? 그 둘은 어떤 차이가 있습니까?

생활적용 .... 당신의 삶에서 가장 소중한 것은 무엇입니까? 그것을 버리고 예수님을 좇을 수 있습니까? 또 버리고 예수님을 좇는 것은 당신에게 어떤 의미입니까?

가이드 Guide 자신의 것을 버리고 좇음

우리가 예수님을 거역하고 배반하게 되는 경우는 모두 자신의 것을 버리지 못하기 때문입니다.

자신의 가진 것들을 내어놓지 못하고 자신의 삶을 모두 예수님께 드리지 못하는 사람은 결국 예수님을 좇는데 실패할 수밖에 없습니다. 부자 청년은 자신의 가진 것과 자신의 삶과 계획을 그대로 유지하기를 원했습니다.

그가 듣고자 한 것은 한두 가지 그의 삶에 덧붙일 것을 원했지 그의 삶을 모두 바꾸거나 버리는 것을 원하지 않았습니다. 그러나 예수님은 그의 삶의 모든 것을 원하셨습니다.

그리고 그런 부자청년 같은 사람들에게 "부자는 천국에 들어가기가 어려우니라."고 말씀하시는 예수님의 경고는 엄중하고 너무나 강력한 것입니다.

3. 직업소명, 만인제사장

오직 너희는 택하신 족속이요 왕 같은 제사장들이요 거룩한 나라요 그의 소유된 백성이니 이는 너희를 어두운데서 불러내어 그의 기이한 빛에 들어가게 하신 자의 아름다운 덕을 선전하게 하려 하심이라(벧전 2:9)
너희는 먼저 그의 나라와 그의 의를 구하라 그리하면 이 모든 것을 너희에게 더하시리라(마 6:33)

돌아보기.... 칼빈은 그의 '기독교 강요'에서 모든 직업 가운데 하나님의 소명이 있다고 말했습니다. 당신은 '직업소명설'을 어떻게 이해하고 있습니까? 그리고 당신의 (미래의)직업은 하나님이 주신 소명에 부합합니까?

성경적용 .... 우리가 가지고 있는 모든 직업은 자연히 하나님으로부터 부여받은 소명이 되는 것일까요? 생업(Job)으로서만 가치가 있고 소명적 직업(Vocation)의 가치가 없는 직업은 없을까요?

생활적용 .... 우리의 하는 일들이 단순한 생업(Job) 이 아니라 소명(Vocation)이 되려면 어떤 요건이 갖추어져야 할까요?

가이드 Guide

직업소명, 만인제사장

가끔 종교 개혁가들이 말한 '직업소명설'을 자신의 편의에 따라 이해하는 사람들이 있습니다. '직업은 무엇을 가져도 상관없고 직장생활 외에 남는 시간에만 하나님의 일을 하면 된다.'고 생각하는 경우가 있습니다. 그러나 이것은 아주 잘못된 생각입니다. 직업을 통해서도 하나님 나라를 위한 소명을 이루어야 하고 또 하나님의 소명에 맞게 직업을 선택해야 하고 직업 안에서 하나님의 소명을 발견할 수 있어야 합니다.

현대에서 직업은 우리에게 너무 큰 자리를 차지합니다. 그래서 우선순위가 직업이나 직장이 최우선이 되는 경우가 있습니다. 그러나 우리의 전 삶을 온전히 드리는 그리스도인이라면 우리의 직업이나 직장도 하나님 앞에서 바로 자리매김해야 하고 오히려 삶에 큰 부분을 차지하는 직업의 영역에서 하나님 나라 백성의 모습이 분명히 나타나야 할 것입니다.

III. 더 나아가기

1. 업그레이드를 위한 질문

· 당신에게 온전한 그리스도인의 모습으로 '작은 예수' 또는 '예수님의 제자'로 불리기에 부족한 부분이 있다면 어떤 것입니까?

· 예수님을 좇지 않은 부자 청년은 그런 모습으로는 천국에 들어가기 어렵다는 평을 들었습니다. 예수님을 믿는 것과 모든 것을 버리는 것은 어떤 관계가 있을까요?(믿는 것은 필수고 버리는 것은 선택일까요?)

· 요즘 태권도를 배우려는 사람은 자신의 일상생활에 지장이 없는 시간과 물질을 내어서 학원에 다니면 됩니다. 그러나 홍길동이 무술을 배울 때는 자신의 모든 시간과 전체 생활을 드려야만 무술을 배울 수 있었습니다. 우리가 신앙생활을 하고 예수님의 제자가 된다는 것은 위에서 어떤 경우에 해당된다고 생각합니까? 당신은 과연 홍길동 식으로 신앙생활을 하며 예수님을 따라가고 있습니까?

2. 상황화 신학작업

· A라는 사람은 고급 화장품회사에서 일하고 있으나 그의 하는 일에서 하나님의 소명을 발견할 수 없어 고민 중이라면, 어떻게 하는 게 좋을까요?

- 지금 직장에서 소명을 발견하기 위해 계속 노력한다.
- 직장과 별개로 여가시간을 이용해 소명을 이루려고 노력한다.
- 다른 직종으로 바꾸기 위해 노력한다.
- 신학교 입학을 고려해 본다.

3. 개인 실천사항 점검

• 당신은 예수님의 제자인가요? 더 온전한 제자가 되기 위해서 바꾸어야 할 당신의 모습은 무엇인가요? 제자로서 버려야 할 것은 없습니까?

그것을 위해 이번 주부터 구체적으로 실천할 수 있는 것은 무엇입니까?

* 오늘 공부로부터 적용한 것들을 구체적으로 어떻게 실천할지 정리해 보고
실천 항목들을 사람들과 함께 나누십시오.
그리고 서로를 위해 기도하십시오.

'그리스도인으로 살기운동' 소개

'그리스도인으로살기운동' 은 영문으로 Christian Lifestyle Movement 라 하고 약자로 CLM이라한다.

CLM 핵심성구 …

내가 너희에게 분부한 모든 것을 가르쳐 지키게 하라(마 28:20)

CLM 목 표 …

참된 그리스도인으로 살아가도록 서로 돕고 지원한다.

- *삶의 전 영역에서 하나님 말씀을 실천하는 그리스도인*
- *창조 질서 회복과 하나님 나라 건설을 위해서 노력하는 그리스도인*
- *먼저 그의 나라와 그의 의를 구하는 철저히 헌신된 그리스도인*

CLM 취 지 …

그리스도인으로 살기운동은 "내가 너희에게 분부한 모든 것을 가르쳐 지키게 하라 (마 28:20)" 는 말씀을 핵심 성구로 삼고 있다.

예수님은 마태복음 28장 19-20절의 말씀에서 “너희는 가서 모든 족속으로 제자를 삼아 아버지와 아들과 성령의 이름으로 세례를 주고 내가 너희에게 분부한 모든 것을 가르쳐 지키게 하라” 고 말씀하셨다.

예수님은 ‘제자를 삼고 세례는 주라’ 는 말씀에 이어서 ‘예수님이 분부하신 모든 것을 가르쳐 지키게 하라’ 고 명령하신다.

예수님이 분부하신 것, 그리고 우리가 지키고 가르쳐야 할 것은 성경의 모든 가르침이라고 할 수 있다. 특히 예수님의 말씀이 지켜져야 할 영역은 특정 영역으로 한정될 수 없는 것이다. 우리의 삶의 전 영역에서 예수님의 가르치심이 적용되고 지켜져야 한다.

한국교회는 아직까지 세상과 교회를 나누고 성스러운 영역과 세속의 영역을 나누어 생각하는 경향이 있다. 그래서 우리의 신앙이 교회 안에 한정되거나 그리스도인의 사역의 영역이 교회와 일정한 부분에만 한정되는 경우가 많이 있다.

그러나 성경은 하나님께서 이 세상의 모든 것을 창조하셨고 그 모든 것을 하나님께서 다스리신다고 말씀하신다. 그리고 그 모든 것들이 하나님께 복종되어야 할 것을 말씀하신다.(엡1:22) 또한 하나님께서는 우리가 하나님 나라의 일군이 되어서 이 땅에 하나님 나라를 확장해 나가야할 사명이 있음을 말씀하셨다.

따라서 우리는 세례를 받고 구원을 얻는 것에만 머무르는 것이 아니라 우리의 삶의 전 영역에서 하나님의 말씀이 시행되도록 해야 한다. 또 우리의 사명은 영혼을 구원하는 일뿐 아니라 하나님 나라의 말씀이 이 땅 가운데서 모두 가르쳐지고 지켜지게 하고 이 땅에 하나님의 법과 질서가 시행되게 하는데 까지 나가야 하는 것이다.

그래서 그리스도인으로 살기운동에서는 먼저 우리가 하나님 나라의 백성으로서 하나님의 말씀의 법을 어떻게 생활 속에서 적용해야 하는지 깊이 고민하고 그것을 우리의 삶속에 실현하며 나아가 이 땅에 하나님의 법과 질서가 시행되도록 일하려는 것이다.

이런 사역을 이루는 그리스도인에게는 당연히 철저한 헌신이 요구된다.

성과 속을 나누는 이원론과 함께 한국교회의 또 하나의 큰 문제는 세속화라고 할 수 있다. 예수님을 좇아 십자가를 지려고 하기 보다는 예수님을 통해서 이 세상에서 더 편하게 번영을 누리며 살겠다는 신앙의 모습이 그것이다.

이런 신앙의 모습으로는 '예수님의 분부한 모든 것을 가르쳐 지키게 하는 것' 도 불가능하고 스스로 지키는 것도 힘든 일이다. 우리 그리스도인에게는 예수님께서 말씀하셨던 것처럼 자기의 십자가를 지고 예수님을 좇는 철저한 신앙이 있을 때만이 온전한 그리스도인의 삶을 살 수 있고 그 사명을 감당할 수 있는 것이다.

따라서 그리스도인으로 살기운동에서는 삶의 전 영역에서 예수님의 가르침을 실현하기 위해 노력하는 것과 함께 그에 필수적으로 필요한 철저한 헌신의 신앙으로 나아가도록 스스로 노력하고 그런 온전한 그리스도인의 모습이 이 땅에서 온전하게 되는 것을 사명으로 한다.

CLM 3대 사역 : 계몽사역, 훈련사역, 연구사역

사역이름	사역도구	사 역 방 법
계몽사역	홈페이지	홍보와 활동사항들을 알림, 설문 테스트 등 전인신앙 콘텐츠 개발
	월 간 지	크리스찬 업그레이드(격월간) - 그리스도인의 삶의 모습과 방법들을 소개
	출　판	CLM 목적과 취지에 맞는 글을 번역 또는 저술 출간
	캠 페 인	CLM 정신이 담긴 뱃지 버튼, 스티커, 달력, 포스터 등을 제작 및 배포
훈련사역	월 례 회	매달의 생활 점검 독려
	이 메 일	하루하루 생활을 돕는 메일 발송 서비스
	훈련학교	CLM 훈련학교, CLM 성경공부 개설
	교회지원	교회에 적용할 수 있는 CLM 프로그램 보급 및 지원
연구사역	월 례 회	상황화신학작업을 통해서 매달 연구를 구체화 함
	컨퍼런스	년 1-2회 연구 컨퍼런스를 개최, 강연 토의 등
	홈페이지	주제별 방과 게시판을 활용하여 자체연구, 관련 문서 수집, 해당전문기관 연대.
	교재개발	각 교회에서 적용할 수 있는 성경공부 교재 및 상황화신학작업 교재 개발

더 자세한 것을 홈페이지 http://www.clm.or.kr을 참고해 주시고 CLM 사무실 (02-744-6678)로 연락주시면 자세히 안내해 드리겠습니다.

그리스도인으로 살기운동에 동참하시면 주 1회 그리스도인으로 살기운동 메일링서비스와 격월간으로 발행되는 '크리스찬업그레이드'를 구독하실 수 있습니다. 그리고 '그리스도인 정체성 버튼달기운동' 및 'CLM 성경훈련 프로그램' 등에 참여하실 수 있습니다.

저자 김신정

고려신학대학원 졸
그리스도인으로살기운동 총무간사
(사)한국기독교교육진흥원 연구위원
농생모교회 협동 목사

CLM 성경적용 훈련교재

- 청장년을 위한 토론식 기독교 세계관 훈련 프로그램 -

초판발행 | 2007. 6. 10
지 은 이 | 김신정
편집・디자인 | 오승희

펴 낸 곳 | 도서출판 CLP(그리스도인으로 살기운동 출판부)
등 록 | 2005년 2월 21일(제 307-2005-00005호)
서울 성북구 성북동 184-37
T. 02-744-6678 | F. 0303-0297-6679
http://www.clm.or.kr | e-mail: clp@clm.or.kr

총 판 | 비전북 T.031-907-3927 / F. 031-905-3927

ISBN 978-89-957183-2-2 03230